# Sprossen
## Das Kochbuch

GOTTFRIED LAGLER
HANS PETER FINK

# Sprossen
## Das Kochbuch

Mit Fotos von
Michael Rathmayer

# Inhalt

13 › Allgemeines zum Thema

35 › Die schnelle Sprossenküche

71 › Pizzen, Gebäck und Fingerfood

101 › Suppen, Drinks und Zwischengerichte

131 › Vegetarisch durch und durch

153 › Süße Kreationen, die es in sich haben

 = vegane Rezepte

 = glutenfreie Rezepte

Wenn nicht anders angegeben, gelten die Rezepte für 4 Personen.

# Vorwort
# Gottfried Lagler

Als kreativer Koch – wie ich mich bezeichne – und ständig auf der Suche nach neuen Geschmäcken, um Erlebnisse auf die Teller der Gäste zu zaubern, begann ich vor ca. 30 Jahren als junger Küchenchef Sprossen zu ziehen – mit mehr oder weniger guten Erfolgen. In einem Sieb, auf Watte und in Sprossenschalen, die es damals auf dem Markt zu kaufen gab. Ich muss gestehen, dass aus verschiedenen Gründen die ersten Gehversuche auf diesem Gebiet nicht gerade umwerfend waren. Auch war ich damals der Zeit voraus. Da wurden die Sprossen von den meisten meiner Gäste achtlos vom Teller geputzt, mit dem Kommentar: „Geh hinaus in den Hof und füttere es den Hühnern." Privat hat mich das Thema Sprossen aber nie richtig losgelassen, da ich wusste, dass in diesen Winzlingen enorme Kraft steckt – wachsen doch verschiedene Grassamen oft durch Beton und Asphalt. Auch mein Opa, der eine kleine Landwirtschaft betrieb, sprach in allerhöchsten Tönen und mit großer Achtung und Ehrfurcht vom Spross. Als Kind konnte ich beobachten, wie mein Opa sein Saatgut zum Sprießen brachte, um zu sehen, ob es für die Aussaat geeignet war. Als ich merkte, dass meine Gesundheit stark nachließ, und mir mein Arzt nach einem Gesundheitscheck empfahl: „Lieber Wirt, richte deine Weinmischungen mit mehr Wasser her, deine Leber- und Nierenwerte und noch einige andere ‚Ungesundheiten', die sich angesammelt haben, sind sehr bedenklich!", wurde die Ernährung für mich zum Thema.

Auf meine Frage, woher es komme, dass sich mein Körper so verändert, bekam ich die Antwort: „Koch dir was G'scheits (Ordentliches) – bist eh a guter Koch!" So begann ich darüber nachzudenken, ob mein Gesundheitszustand wirklich so stark von der Ernährung abhängt. Da tauchten plötzlich viele Fragen auf, die ich mir stellte (die ich hier nicht alle anführen kann, dafür brauchte es wahrscheinlich ein eigenes Buch). Aber eines war mir bewusst: Meine Großeltern väterlicherseits waren damals beide noch am Leben und erreichten ein hohes Alter. Mein Opa wurde 85 und meine Oma verstarb erst viele Jahre später, im 96. Lebensjahr. Trotz der schweren Landarbeit auf seinem hügeligen Hof, den er mit Ochsen bewirtschaftete, klagte mein Großvater nie über irgendwelche gesundheitlichen Probleme. Kreuzschmerzen, wie ich sie verspürte, kannten beide nicht. Opa war bis zu seinem 80. Geburtstag nie bei einem Arzt, und ins Krankenhaus ging er nur, um Bekannte zu besuchen. Eine Arztpraxis kannte er nur vom Erzählen. Und ich junger Mensch mit damals knapp 40 Jahren konnte vor Schmerzen nur mehr eine Stunde in der Nacht schlafen – da stimmte doch etwas nicht!
In einem ersten Schritt haben wir dann in meiner Küche, auch in der Wirtshausküche, alle Zutaten auf negative E-Nummern kontrolliert und ausgewechselt. Bis auf wenige Ausnahmen werden heute bei uns alle Zutaten in Bioqualität verarbeitet und verkocht. Der wirklich bemerkenswerte gesundheitli-

che Durchbruch erfolgte, als ich Sprossen als eine Art Nahrungsergänzung zu den Speisen, die ich täglich zu mir nahm, aß. Auch meine Pizzen belegte ich mit Sprossen. Dazu muss ich erwähnen dass ich in der Zwischenzeit Herrn Pierre-Louis Vermot-Petit-Outhenin aus der Schweiz kennengelernt hatte. Er führte mich bei seinen Seminaren, die er in Luzern abhielt, in die Welt der Sprossen ein. Ich erfuhr alles, was für eine erfolgreiche Sprossenzucht wichtig ist, z. B. dass es nicht reicht, einfach nur das Saatgut auf Watte mit Wasser zu benetzen und zu warten, bis sich Sprossen gebildet haben.

Dieses Buch soll Ihnen helfen, Sprossen richtig zu ziehen, und in der Küche bei der Verwendung von Sprossen als Ideengeber wirken. Dass gerade Sie dieses Buch jetzt in der Hand halten, ist kein Zufall! Alles kommt zur rechten Zeit. Mein Geist und meine Offenheit mussten wachsen, um zu erkennen, dass Sprossen als einziges Lebensmittel den Namen Lebensmittel verdienen. Sprossen leben noch, wenn sie auf den Teller kommen (ausgenommen, man kocht sie). Sprossen sind Mittel zum Leben, Lebendiges kann nur von Lebendigem kommen. Auch Sie werden die Lebendigkeit spüren, wenn Sie Sprossen dankbar selber wachsen lassen und essen!

An dieser Stelle möchte ich mich bei all jenen bedanken, die mich in meinem Glauben und in meinem Tun unterstützten. Meinen besonderen Dank möchte ich meinen Eltern aussprechen, die mich mit ihrer Fürsorge in geschützter Umgebung aufwachsen ließen. Danke an meine liebevolle, immer hinter mir stehende Frau Marianne, die mich so nimmt, wie ich bin, und herzlichen Dank an meinen geliebten Sohn Kevin Gottfried, der mein Herz erfreut. Danke sagen möchte ich auch meinen Mitarbeitern, die mich vertreten, wenn ich mit meinen Sprossen von Messe zu Messe reise, und Dank an Pierre-Louis Vermot-Petit-Outhenin, den Initiator einer Idee, deren Zeit gekommen ist: die Rehabilitation der Sprossen in unserer Gesellschaft mit seinem Motto „Vorwärts zur Natur". Mein Dank gilt Hans Peter Fink, der mir Mut machte, dieses Buch zu schreiben, und der das Food Design übernommen hat, unserem Fotografen, Herrn Michael Rathmayer, der unsere Sprossen und Sprossengerichte in gelungener Weise in diesem Buch in Szene setzte, und dem Styria Verlag mit den netten Menschen, die an diesem Buch gearbeitet haben. Nicht zuletzt möchte ich meinen Verwandten und Freunden und allen meinen Gästen und Sprossenkunden danken. DANKE für eure Treue und Freundschaft!

Ihr Gottfried Lagler

# Vorwort
# Hans Peter Fink

Nun ja, wie bin ich auf die Sprossen gekommen?

Durch Zufall habe ich vor nun schon mehr als fünf Jahren Gottfried Lagler kennengelernt. Wie könnte es anders sein, landete ich in Gleisdorf – natürlich auf der Suche nach einem Restaurant – in Gottfrieds Solar-Café Figaro. Diese ungewöhnliche andere Art von Pizzeria hat mich damals sehr überrascht. Heute behaupte ich, es waren die Qualität der Lebensmittel und die beste Pizza der Steiermark, die mich begeisterten.

Wie so oft bei uns Köchen üblich, kamen wir gleich ins Gespräch und plauderten über Gott, Küche und Welt! Eine gewisse Veränderung der heutigen Essgewohnheiten und die Möglichkeit, sich köstlich, gesünder und mit viel Geschmack zu ernähren, faszinierten mich schon lange, und seit diesem Tag bin ich ein begeisterter Sprossenverfechter und verwende diese überaus hochwertigen Alleskönner in meiner Küche.

Der Zugang von Gottfried Lagler zu Sprossen ist extrem fundiert und nie enden wollend. Aus diesem Grund haben wir beschlossen, gemeinsam ein Buch für ein breiteres Publikum zu verfassen. Sprossen sollen nicht nur dekoratives Beiwerk, sondern auch die Stars und Hauptdarsteller in einer modernen Küche sein. Von den Grundlagen des Sprossenziehens über Sprossen-Fingerfood und Sprossensuppen bis zu Süßem mit Sprossen und natürlich vielen Pizza- und Brotrezepten finden sich in diesem Buch eine Vielzahl von grundlegenden Informationen und Kochideen zum Thema Sprossen. Ich wünsche Ihnen viel Lust und Freude mit den Rezepten, die wir für Sie mit viel Liebe gekocht und hier zusammengefasst haben, und hoffe, dass auch die begleitenden Bilder Anstoß und Inspiration für den Einstieg in die „Sprossenküche" sind. Gutes Gelingen und spannende Kocherlebnisse wünscht

Ihr Hans Peter Fink

# Vorwort
# Pierre-Louis Vermot-Petit-Outhenin

Dieses Sprossen-Rezeptbuch basiert auf drei wichtigen Faktoren:

1. Einer Begegnung auf einer gastronomischen Messe in Wien vor rund zehn Jahren.

2. Der hohen Kunst von Gottfried Lagler und seiner Gattin, ihren Gästen natürliche und beste Produkte auf dem Teller zu präsentieren und liebevoll zu servieren.

3. Einer unschätzbaren Kraft, die weit über jede menschliche Vorstellung hinausgeht: der Energie des Lebens.

Meine Lebensaufgabe war die Entwicklung eines Systems, welches das Sprießen von Sprossen auf jeder Ebene ermöglicht: professionell und rationell, privat, gewerblich und industriell. Pure-Life bietet Ihnen momentan 35 Geschmacksrichtungen, die Sie selber zwischen 1 und 9 Tagen sprießen können. Eine geistige oder mündliche liebevolle Kommunikation mit dem Saatgut ist dabei absolut notwendig, da Sie selber Ihre eigene Schwingung essen. Der Mensch braucht Anerkennung und Zuneigung für sein Wohlbefinden, die Pflanzen auch.

Gottfried Lagler und seine Frau Marianne haben sofort die Pure-Life-Qualität erkannt und zuerst selbst klein für ihren eigenen Bedarf Sprossen zu ziehen angefangen. Nachdem sie völlig von diesem Lebensmittel überzeugt waren, kamen sie selber nach Luzern, um ihren ersten automatischen SK3-Kultivator zu erwerben, mit dem sich 1,5 kg Alfalfa-Sprossen pro Tag produzieren lassen. Heute erzeugt die bio-zertifizierte Pizzeria Figaro in Gleisdorf mit einem SK12-Pure-Life-Kultivator über 10 kg diverse Sprossen pro Tag und genießt großes Ansehen bei ihren Kunden und bei den Gastrospezialisten weit über die österreichischen Grenzen hinaus. Die Laglers setzen sich mit Körper und Geist für die Rehabilitation der Sprossen in unserer Gesellschaft ein und setzen pro Jahr mehr als 3 Tonnen Samen bei ihrer Pizzeria-Kundschaft, in speziellen Seminaren und auf diversen Fachmessen ab. Es ist eine grandiose Leistung im Sinne einer friedvollen, dialogbereiten Zusammenarbeit mit Kunden und Lieferanten.

Das Rezeptbuch, das Sie jetzt in Händen halten, bietet einen Strauß verschiedener Ideen und ist das Resultat von über 15 Jahren täglicher Praxis eines Teams in Symbiose mit der Natur und geleitet von der Freude, Perfektion auf dem Teller anzubieten. Dieses Buch ist ein Geschenk für alle und ein großer Dank an das Leben selbst. Es reflektiert die Verbindung zu und den großen Respekt gegenüber den Samen, den Sprossen und den Menschen. Mit diesem Sprossen-Rezeptbuch haben sich alle Beteiligten das Ziel gesetzt, Freude zu vermitteln. Deshalb meine Bitte: Machen Sie dieses Buch auch in Ihrem Freundeskreis bekannt, sodass viele Menschen in den Genuss seiner Ideen und Rezepte kommen.

Meine Empfehlung an Sie: Nützen Sie diese Ideen in Ihrer täglichen Küche. Probieren Sie und schmecken Sie die Subtilitäten des Meisterkochs Gottfried Lagler. Dieses Gastrobuch ist für Sie eine Investition und wird Sie dazu inspirieren, selbst Sprossen zu produzieren, egal ob privat oder als Gastronom. Menschen, die es zu schätzen wissen, haben bereits 4–8 Frischfertigsprossen im Kühlschrank und auf dem Tisch und hören nie mehr auf. Die Sprossen ermöglichen ihnen und ihren Gästen eine *intuitive Küche* und schlussendlich die hervorragende Kraft der Natur pur auf dem Teller und im Magen. Die Wirkung der Sprossen ist sofort spürbar, es ist ein *Remedium ohnegleichen*.

Ja, es macht Sinn.

1. Tag   2. Tag
3. Tag   5. Tag

# Allgemeines zum Thema

von Gottfried Lagler

Links: die Wachstumsphasen der Alfalfa-Sprossen

# 1. Sprossenkunde von A wie Alfalfa bis Z wie Zwiebel:

### Sprossenkultivator

Ich habe mit dem Kultivator von Pure-Life, „Manna" genannt, die besten Erfahrungen gemacht (siehe Fotos Seite 12).
Es handelt sich dabei um ein einfaches professionelles System, das in einem kantigen Edelkunststoffbehälter den perfekten Luft- und Wasseraustausch ermöglicht, mit dem praktischen schraubbaren Ringverschluss, in dem sich die Sprossen aus natürlichem Bio-Saatgut unter idealen Bedingungen (Mikroklima) wunderbar entwickeln. Natürlich gibt es verschiedene Systeme, die mehr oder weniger gut sind. Ich persönlich ziehe meine Frischesprossen selber professionell und rationell. Die Manna von Pure-Life ist das Gerät, das ich auch in der Gastronomie seit bald mehr als zehn Jahren verwende, da es dabei zu keiner Bakterien- oder Fäulnisbildung kommt und es den neuen EU-Hygiene-Richtlinien EU VO 211/2013 entspricht. Ich bin täglich begeistert von der Einfachheit, Professionalität, der Qualität und der Zeitersparnis dieses Systems.
Pure-Life spricht von Manna-Kultivatoren und nicht von Büchsen oder Gläsern, von Lebewesen, von Sprossen (man könnte sie mit Kindern vergleichen) und nicht von Keimlingen – Keime gibt es im Spital.
Das Saatgut ist ein Lebens-Reservoir und ist vollkommen = BIO. Die wachsende Knospe nimmt nichts von der Umwelt auf. Das Saatgut hat alles in sich. Also hat die Negativität des Kunststoffs keine Wirkung auf den Samen. Dem Samen ist es egal, ob er im Glas, im Kunststoff oder im Dreck aufwächst, da der Samen gibt und von seiner Umwelt nichts übernimmt. Pure-Life-Manna-Kultivatoren haben eigene Schwingungen, sind positiv „informiert", formatiert und elektromagnetisch rechtsdrehend geladen. Das Resultat ist, dass das Saatgut an den Wänden klebt und die Samen können optimal atmen.

### Aufbewahrung von fertigen Frischsprossen

Wenn eine Produktion fertig ist, die Sprossen in Frischhaltedosen geben, deren Boden mit einer Serviette oder Haushaltspapier ausgelegt wurde; die Sprossen leben im Kühlschrank weiter.

### Haltbarkeit von Sprossen

In einer Frischebox oder zugedeckten Glasschüssel sind die meisten Sorten der Frischsprossen im Kühlschrank mindestens zwei Wochen (bei 4 °C je nach Sorte bei optimalen Bedingungen in der Pure-Life-Frischedose 2–8 Wochen) ohne Verlust haltbar.

### Reinigung des Sprossenkultivators Manna

Den entleerten Kultivator mit einem weichen Schwamm oder einem Mikrofasertuch und lauwarmem Wasser bis 50 °C reinigen. Für die Spülmaschine ist der Kultivator nicht geeignet. Den Gewebefilter unter fließendem Leitungswasser mit der Hand auswaschen, den Ringverschluss mit einem weichen Schwamm oder Mikrofasertuch mit Wasser reinigen.
Dann sofort eine andere Sorte Samen einweichen und sprießen lassen, damit immer 6–8 Sorten Frischsprossen auf dem Tisch stehen und Sie intuitiv wählen können. Da 100 g Alfalfa (2 Handvoll) dem Organismus den Tagesbedarf an allen wichtigen Nährstoffen geben, brauchen Sie pro Person ein Manna für die Alfalfa-Produktion (ca. 400 g in 5 Tagen) und 1–2 weitere Kultivatoren für andere Aromen, die das Immunsystem, die Intuition und das Bewusstsein vermehrt steigern.

### Die Zauberformel lautet

Saatgut + Wasser + Luft + Bewegung + Licht + Liebe (gute Laune). Temperatur: ab ca. 20 °C (keine direkte Sonneneinstrahlung, Platzierung auf der Fensterbank ist aber möglich). Höhere Temperaturen sind möglich, die Sprossen wachsen sogar schneller, das bedingt allerdings mehr Pflege.

### Was eignet sich für die Sprossenkultur?

Biologisches, hochkeimfähiges, nicht gebeiztes, ungebrochenes, nicht chemisch behandeltes oder lebensmittelbestrahltes Saatgut (erhalten Sie unter www.sprossen.at oder www.pure-life.ch).
Pure-Life-Saatgut wird nach besonderen Kriterien ausgelesen und speziell entspelzt. Bei richtiger Lagerhaltung des Saatguts ist die Qualität mehrere Jahre garantiert.
Verwenden Sie nur Saatgut, welches speziell für die Sprossenkultur bestimmt ist. Niemals Samen, die zum Kochen, Mahlen, Backen oder für die Aussaat bestimmt sind, auch dann nicht, wenn sie bio sind, sie könnten zu wenig Leben (Bio) beinhalten, gebeizt oder sogar lebensmittelbestrahlt sein. Die Bio-Verordnung garantiert keine Keimfähigkeit, sondern nur weniger Gifte!

### Der Keimprozess

Im Samen ist die Keimanlage. Sie ist eingebettet in ein Nährgewebe aus Kohlenhydraten, Fett und Eiweiß. Wird das Saatgut ins Wasser gelegt, quillt es auf. Das löst eine Kette von Reaktionen aus: Hormone aktivieren die Bildung von Enzymen, durch welche die Nährstoffe in ihre Einzelbausteine zerlegt und neu aufgebaut werden. So sind sie für den Sämling verwertbar. Durch die gesteigerte Enzymaktivität vermehren sich Eiweiße, Mineralstoffe und Vitamine der Sprossen um ein Vielfaches.
Die Stärke und Gluten bauen sich ab. Sprossen sind Vital-, Aufbau- und Kraftnahrung, Lebensmittel, Frischgewürz und Heilmittel. Man muss sich bewusst sein, dass 2 Handvoll (100 Gramm) Alfalfa-Frischsprossen täglich Körper und Geist alles geben, was sie brauchen.

### Schutzstoffe

Samen enthalten natürliche Schutzstoffe gegen Bodenschädlinge, die jedoch durch das Keimen in ausgereiften Sprossen abgebaut sind. Sollte ihre tägliche Nahrungsaufnahme aus mehr als 50 % Hülsenfrüchten bestehen, nur dann bitte Mungobohnen- und Kichererbsensprossen kurz blanchieren. Sonst ist das nicht notwendig. Hier gilt das Motto: „Roh macht froh!"

### Warum Sprossen selber ziehen?

**1.** Sprossen sind das frischeste Nahrungsmittel, das einzige Lebensmittel, weil sie lebendig auf den Teller kommen, und ein direktes Remedium mit ihrer positiven Schwingung.
**2.** Sprossen sind ein hochwertiges, lebendiges und preisgünstiges Lebensmittel, kräftigen sofort das Blut und die Zirbeldrüse.
**3.** Transport, Lagerung und Zwischenhandel entfallen.
**4.** Sprossen sind hinsichtlich der Vitalität, der Gesundheit und des menschlichen Lebens überhaupt die Nr. 1 in allen Kategorien, besonders hinsichtlich Nachhaltigkeit und Ökologie. (PLVPO Pure-Life)
**5.** Das enthaltene Leben in Sprossen, die geistige Energie, geht direkt von der Speicheldrüse zur Zirbeldrüse.

### Der richtige Erntezeitpunkt

Sprossen sind nach der Wachstumszeit, die zwischen 1,5 und 7 Tagen dauern kann, am nahrhaftesten. Ausgenommen ist die Zwiebel, sie benötigt viel Liebe und Zuneigung, wenig Wasser und des Öfteren (mindestens zweimal am Tag) möchte sie bewegt werden. Sie dankt es mit gutem Geschmack, tollem Aussehen und vielen Inhaltsstoffen, die zu einer besseren Verdauung beitragen, vor allem bei Menschen, die viele tierische Eiweiße zu sich nehmen. Zwiebelsamen sind im Kühlschrank aufzubewahren.
In der Wachstumsphase werden alle Inhaltsstoffe im Enzymprozess umgewandelt und multipliziert. Vitamine und Hormone vermehren sich nicht nur, sondern bilden sich auch neu. Komplexe organische Verbindungen werden in eine leichtere, natürlich aufnehmbare Form umgewandelt.
Durch zu lange Sprießzeiten verringern sich die Inhaltsstoffe im Spross, da die Pflanze die Nähr- und Vitalstoffe für ihr Wachstum selbst verbraucht, und die Haltbarkeit wird verkürzt.

### Saatguttabelle *(siehe rechts)*

Alle Samen mit ca. 1 Liter Wasser einweichen. Diese Angaben stimmen nur für das Saatgut und für den Kultivator Manna von Pure-Life. Sprossen sind lebendig und reagieren auf positive wie auch auf nicht positive Schwingungen, auf zunehmenden und abnehmenden Mond, Luftfeuchtigkeit und Temperatur (20 °C sind ideal), dadurch kann es zu Abweichungen kommen.

*Diese Samen wie Alfalfa ziehen.
**Diese Samen wie Bockshornklee ziehen.
***Nur 4–6 Stunden einweichen und gut spülen, bis das Wasser klar ist, danach nicht mehr spülen, nur mehr bewegen. Nach 1,5 Tagen (d. h. eine Nacht und einen ganzen Tag) auf ein Küchenpapier klopfen und etwas abtropfen lassen, danach in eine mit einer Serviette ausgelegte Frischedose geben, mit einem Deckel verschließen und in den Kühlschrank geben. Eher rasch aufbrauchen, da sich die Sprossen sowohl geschmacklich als auch farblich verändern.
****Die Sprossen sollten nicht länger als das Korn selbst sprießen.

### Das Einweichwasser und Spülwasser

Als Einweichwasser bezeichnet man das erste Wasser, in dem das Sprossensaatgut zum Quellen gebracht wird. Das Einweichwasser von Alfalfa- und Bockshornkleesprossen soll und kann man trinken, es enthält wertvolle Mineralien. Auch zum Kochen und als Aperitif eignet es sich hervorragend. In diesem Buch finden Sie einige Ideen, wie und wofür Sie dieses Einweichwasser verwenden können; bitte experimentieren auch Sie und bringen Sie neue geschmackliche Nuancen in Ihre Speisen. Das Einweichwasser aller anderen Sprossen kann als Gießwasser verwendet werden.

Spülwasser ist das Wasser, mit dem Sie die Sprossen täglich spülen. Auch dieses Wasser ist sehr wertvoll, enthält viele Mineralien und kann ebenfalls als Gießwasser für Blumen oder im Garten verwendet werden. Die Pflanzen werden es Ihnen danken!

| Sprossensaatgut von Pure-Life | Samenmenge in gut gefüllten Esslöffeln |
|---|---|
| *Alfalfa | 1,5–2 |
| **Bockshornklee jung | 7–8 |
| *Bockshornklee grün | 2 |
| *Brokkoli | 4 |
| ****Buchweizen | 8 |
| *Chinakohl | 4 |
| ****Dinkel | 8 |
| *Green mild | 4 |
| ****Getreide-Mix | 8 |
| Gewürzsamen: Kresse, Rucola, Senf Amaranth, Fenchel, Kümmel | Immer 2 Esslöffel Alfalfa einweichen, mit 1 gestrichenen Teelöffel Gewürzsamen. Nur jeweils 1 Sorte. |
| ****Kichererbse | 6 |
| ****Knusper-Mix | 8 |
| ****Linsen grün, klein | 8 |
| ****Linsen lachs, klein | 8 |
| ****Belugalinsen, klein | 8 |
| ****Mungo grün | 8 |
| ****Mungo rot | 8 |
| ****Mungo schwarz | 8 |
| *Power-Mix | 4 |
| ***Quinoa | 8 |
| *Rettich München | 4 |
| *Rettich rot | 4 |
| *Rettich violett | 4 |
| ****Roggen | 8 |
| *Rotkohl | 4 |
| Sonnenblumen ganz (Grünsprossen mit zwei Blättern) | 8 |
| ****Sonnenblumen geschält | 8 |
| ****Weizen | 8 |
| Zwiebel gold | 8 |

© Pure-Life – CH 6023 Lucerne

| Produktionstage | Einweichen [Stunden] | Spülen |
|---|---|---|
| 5 | über Nacht | am Morgen und Abend |
| 3 | über Nacht | nur bewegen |
| 7 | über Nacht | am Morgen und Abend |
| 4 | über Nacht | am Morgen und Abend |
| 3 | 4–6 Stunden | nur bewegen |
| 4 | über Nacht | am Morgen und Abend |
| 3 | 14–16 Stunden | nur bewegen |
| 4 | über Nacht | am Morgen und Abend |
| 3 | 14–16 Stunden | nur bewegen |
| 5 | über Nacht | am Morgen und Abend |
| 3 | 14–16 Stunden; dazwischen 1–2x Wasser wechseln | nur bewegen |
| 3 | 14–16 Stunden; dazwischen 1–2x Wasser wechseln | nur bewegen |
| 2–3 | 14–16 Stunden; dazwischen 1–2x Wasser wechseln | nur bewegen |
| 2–3 | 14–16 Stunden; dazwischen 1–2x Wasser wechseln | nur bewegen |
| 2–3 | 14–16 Stunden; dazwischen 1–2x Wasser wechseln | nur bewegen |
| 3 | 14–16 Stunden; dazwischen 1–2x Wasser wechseln | nur bewegen |
| 4 | 14–16 Stunden; dazwischen 1–2x Wasser wechseln | am 3. Tag morgens |
| 2-3 | 14–16 Stunden; dazwischen 1–2x Wasser wechseln | nur bewegen |
| 4 | über Nacht | am Morgen und Abend |
| 1,5 (eine Nacht und einen Tag) | 4–6 Stunden | nur bewegen |
| 4 | über Nacht | am Morgen und Abend |
| 4 | über Nacht | am Morgen und Abend |
| 4 | über Nacht | am Morgen und Abend |
| 3 | 14–16 Stunden; dazwischen 1–2x Wasser wechseln | nur bewegen |
| 4 | über Nacht | am Morgen und Abend |
| 7 | 14–16 Stunden; dazwischen 1–2x Wasser wechseln | wie Zwiebel |
| 1,5 | 4 | nur bewegen |
| 3 | 14–16 Stunden; dazwischen 1–2x Wasser wechseln | nur bewegen |
| 9 | 3 | Wenn der Samen matt ist, immer am Morgen und Abend bewegen. |

## Sprossen aufbewahren

Essfertige Sprossen kurz in ein kaltes Wasserbad einlegen (gilt nur für Grünsprossen, nicht für Zwiebel, Getreide und Hülsenfrüchte), die Samenhülsen setzen sich am Boden ab bzw. schwimmen an der Wasseroberfläche und können so leicht von den Sprossen getrennt werden. Eine längere Haltbarkeit der Sprossen im Kühlschrank ist dadurch gegeben. Man kann die Hülsen ohne Weiteres mitessen. Nach dem Wasserbad gibt man die Sprossen auf eine Küchenrolle zum Abtrocknen oder in eine Salatschleuder. Danach können Sprossen bis auf wenige Sorten in einer Frischhaltedose, die mit einem Deckel verschlossen wird, gekühlt mindestens 2 Wochen aufbewahrt werden (zwischendurch auflockern; bei 4 °C je nach Sorte bei optimalen Bedingungen in der Pure-Life-Frischedose 2–8 Wochen).

## Was wurde falsch gemacht?

Es gibt viele Gründe, warum das Saatgut schlecht sprießt:

- Das Saatgut ist behandelt worden (chemisch behandelt oder lebensmittelbestrahlt).
- Das Saatgut wurde beschädigt (Kerne wurden gebrochen).
- Im Kultivator war es zu feucht oder zu trocken.
- An den Sprossen bildet sich weißer Flaum; das ist meist kein Schimmel, sondern die Sprossen bilden sogenannte Wasserwurzeln, was kein Zeichen von Qualitätsverlust ist. (Geruchtest durchführen, tritt meistens bei Rettich, Brokkoli und Kohlgewächsen auf).
- Samen sprießen nicht, da die Temperatur zu niedrig ist (optimal: ab 20 °C).
- Sprossen faulen: Es wurde zu viel Wasser gegeben oder die Belüftung funktioniert nicht, der Kultivator muss unten offen sein, mit 45° schräg gestellt werden (am besten im Sprossengarten von Pure-Life). Oder sie faulen bei stehender Produktion ohne Bewegung: Dann wurden entweder die Samen zu lange eingeweicht oder der Kultivator steht an der Sonne oder bei einer Heizquelle.
- Samen schimmeln: Sie wurden während der Produktion zu wenig bewegt oder schlecht belüftet.
- Sprossen werden nicht grün: Es befinden sich zu viele Samen in der Manna (z. B. bei Alfalfa-Samen maximal 1,5–2 Esslöffel).
- Sprossen schimmeln: Der Kultivator ist nicht gründlich gereinigt worden oder es kommt nicht genug Frischluft dazu.
- Sprossen werden zu einem festen Knäuel: Im Kultivator befinden sich zu viele Samen oder er wurde zu wenig bewegt.
- Sprossen werden im Kühlschrank faulig: Die Lebensmitteldose ist an der Kühlschrankrückwand angestanden und die Sprossen sind gefroren oder sie waren zu nass, wurden ohne Serviette aufbewahrt (Frischedose von Pure-Life).

## Alfalfa

Botanischer Name: *Medicago sativa*

Alfalfa, besser bekannt unter dem Namen Luzerne, wird bei uns häufig als Futterpflanze angebaut und als Gründüngung verwendet. Die Heimat der Pflanze ist Asien. Alfalfa wird mit „Gute Nahrung" übersetzt, auch mit Anfang, das Erste; diese Sprosse gilt auch als Vater und Königin der Ernährung. Für Babys ist Alfalfa nach der Muttermilch die beste erste grüne Nahrung, zum Beispiel vermengt mit Bananen, Äpfeln oder mit Karotten, auch mit Erdäpfelbrei (mixen oder pürieren).
Alfalfa-Sprossen gelten auch als „Nahrung des Himmels", sie werden in der Bibel und im Koran erwähnt. Sie enthalten alles Notwendige für den Menschen, um zu überleben. Das Wort Manna heißt im Hebräischen „Was ist das?". Genau diese Frage stellen sich Menschen, die Sprossen noch nicht kennen.
Bei den Indianern war Alfalfa die unbestrittene Kraftnahrung. Stillenden wurde Alfalfa für die Milchbildung empfohlen.

### Gesundheitliche Wirkung:
Alfalfa stärkt das Immunsystem, wirkt unterstützend bei der Entgiftung des Organismus, regt den Stoffwechsel an, die Inhaltsstoffe verbessern den Milchfluss bei Stillenden, sind schmerzlindern bei rheumatischen Beschwerden und lindern radikal den Diabetes.

### Mineralstoffquellen im Vergleich:
Eine Tasse Alfalfa-Sprossen enthält gleich viel Vitamin C wie ein Liter frisch gepresster Orangensaft. Der Vitamin-$B^2$-Gehalt nimmt innerhalb von 4 Tagen um 1000 % zu. Hervorzuheben sind auch das Vitamin B12 und das Kalzium. Um rund 200-mal mehr Kalzium enthalten Alfalfasprossen als Brot und damit sind sie auch ein ideales Nahrungsmittel in der Prophylaxe von Osteoporose. Ca. 100 g Alfalfa-Sprossen decken den täglichen Kalziumbedarf eines Erwachsenen. In nur ganz wenigen Fällen gibt es leider auch Menschen, die Alfalfa-Sprossen anfangs nicht vertragen und eine allergische Reaktion zeigen. Das ist immer ein Zeichen für zu viele Giftstoffe im Organismus. Hier empfiehlt sich eine Kur (4–6 Wochen) mit Bockshornklee.
Alfalfa-Samen sprießen leicht im Manna – dem Kultivator von Pure-Life –, rasch und problemlos.
Das Alfalfa-Einweichwasser (ist das erste Wasser, das die Samen zum Quellen bringt, nicht zu verwechseln mit dem Spülwasser, mit dem die Sprossen täglich gewaschen werden) bitte aufbewahren und zum Trinken und Kochen verwenden, es enthält viele wichtige Stoffe.

### Vom Samen zum Spross:
1. Tag: 1,5 bis maximal 2 EL Alfalfa-Saatgut in die Manna geben, mit Gewebefilter und Deckel abschließen und mit ca. 1 l Wasser über Nacht zum Quellen bringen. Am Morgen das Wasser abgießen, dieses wertvolle Trinkwasser voller Mineralien vitalisiert Tier, Mensch und Pflanzen. Dann nochmals durch den Gewebefilter mit Wasser füllen, den Kultivator waagrecht in der Hand halten und 7- bis 8-mal mit einer Vorwärtsbewegung schütteln. Dann das Wasser abgießen und den Kultivator auf das Metallabtropfgitter oder in den dazupassenden Sprossengarten von Pure-Life stellen (45-Grad-Neigung), dabei immer mit der Öffnung nach unten stehen lassen.
Am Abend den Kultivator nehmen, durch den Gewebefilter Wasser einfüllen, 7- bis 8-mal mit einer Vorwärtsbewegung schütteln und das Wasser abgießen. Wiederholen,

bis das Wasser klar ist, und den Kultivator auf das Abtropfgitter stellen.

2.–4. Tag: morgens und abends mit Wasser und Bewegung die Sprossen reinigen. Den Kultivator mit der Öffnung nach unten zurück auf das Abtropfgitter oder in den Sprossengarten stellen.

Am 4. Tag abends die Sprossen in eine Schüssel mit kühlem Wasser geben, mit gespreizten Fingern vorsichtig im Wasser lockern und die Hülsen der Samen entfernen. Dann die Sprossen wieder in den ausgespülten Kultivator geben, Gewebefilter und Deckel befestigen und die Sprossen nochmals waschen.

Beim Ausleeren des Wassers den Kultivator drehen, so bleiben nochmals Hülsen im Gewebefilter hängen. Deckel abschrauben, Filter waschen und wieder am Kultivator befestigen. Den Kultivator zurück auf das Abtropfgitter oder in den Sprossengarten mit der Öffnung nach unten stellen.

Am 5. Tag morgens den Kultivator nur leicht bewegen, ohne Wasser zuzugeben, und dann zurück auf das Abtropfgitter oder in den Sprossengarten stellen. Am Abend die Sprossen herausnehmen. Die jetzt trockenen Alfalfa-Sprossen in eine mit Haushaltspapier ausgelegte Lebensmitteldose geben und den Deckel schließen. Im Kühlschrank aufbewahren.

Die produzierte Menge durch fünf geteilt ergibt die tägliche Ration pro Person, bis die nächsten Alfalfa-Sprossen gezogen sind. Den Kultivator mit warmem Leitungswasser ausspülen, mit einem weichen Mikrofasertuch auswischen, mit Alfalfa-Saatgut füllen und wieder über Nacht einweichen.

*Zu den Wachstumsphasen der Alfalfa-Sprossen siehe Fotos auf Seite 12.*

## Bockshornklee

Botanischer Name: *Trigonella foenum graecum*

Die Heimat des Bockshornklees ist Indien, und er ist dort eine unverzichtbare Würze für viele Speisen, beispielsweise als wichtiger Bestandteil jeder Currymischung. Er gilt in der ayurvedischen Küche als Aphrodisiakum. Die etwas bitter schmeckenden Sprossen wirken regulierend auf den Hormonhaushalt. Es sind Fälle bekannt, in denen der regelmäßige Verzehr von Bockshornkleesprossen Frauen zum lang ersehnten Mutterglück verholfen hat.

### Gesundheitliche Wirkung:

Bockshornkleesprossen sind gut für die Reinigung und Entgiftung, regen Leber und Nieren an und sind deshalb für den täglichen Verzehr empfehlenswert. (Sie bilden den Hauptbestandteil der empfohlenen Entgiftungskur von Pure-Life.)

Eine Begleiterscheinung dieser Kur ist eine nach Suppe (Curry) riechende Schweißabsonderung in den Achselhöhlen, vor allem nachts. Dies zeigt an, dass die Entgiftung eingesetzt hat, und ist deshalb eine durchaus wünschenswerte Reaktion. Auch bei häufiger depressiver Verstimmung ist diese Kur zu empfehlen. In dem Maße, wie der Körper entgiftet und entlastet wird, hellt sich auch die Stimmung auf. Auch bei Diabetes sollten vermehrt Bockshornkleesprossen verzehrt werden. Die Bitterstoffe des Bockshornklees sind hauptverantwortlich für eine gute Lebertätigkeit. Diese Sprossen zeigen auch lindernde Eigenschaften bei Frauenleiden wie Wechselbeschwerden und Hautproblemen. Bockshornklee enthält reichlich Eiweiß (ca. 29 %) und ist extrem reich an Eisen und Phosphor.

Das Bockshornklee-Einweichwasser (ist das erste Wasser, das die Samen zum Quellen bringt, nicht zu verwechseln mit dem Spülwasser, mit dem die Sprossen täglich gewaschen werden) bitte trinken und zum Kochen verwenden, es enthält viele wichtige Stoffe. Sie können es auch einige Tage im Kühlschrank aufbewahren. Es ist auch als Badezusatz für ein Vollbad bei Schuppenflechten und Hautproblemen zu empfehlen.

### Vom Samen zum Spross:
In den Kultivator 7–8 gut gehäufte Esslöffel Samen füllen, die Manna mit Gewebefilter und Deckel abschließen, Kultivator bis zur Hälfte mit Wasser füllen und die Samen über Nacht zum Quellen bringen. Am Morgen das Wasser abgießen; es enthält wertvolle Mineralien und sollte unbedingt getrunken werden. Den Kultivator nochmals durch den Gewebefilter mit Wasser füllen, waagrecht in der Hand halten und 7- bis 8-mal mit einer Vorwärtsbewegung schütteln. Dann das Wasser abgießen und den Kultivator in das Metallabtropfgitter oder in den dazupassenden Sprossengarten von Pure-Life stellen (45-Grad-Neigung), immer mit der Öffnung nach unten stehen lassen. Am Abend den Kultivator nehmen und 7- bis 8-mal mit einer Vorwärtsbewegung ohne Wasser schütteln, dann wieder mit der Öffnung nach unten auf das Abtropfgestell oder den Sprossengarten stellen.
Am 2. Tag: morgens den Kultivator ohne Wasser bewegen, am Abend ebenfalls leichte Bewegung ohne Wasser.
Am 3. Tag: morgens den Kultivator ohne Wasser bewegen, am Abend sind die Sprossen fertig gezogen. In eine mit Haushaltspapier ausgelegte Lebensmitteldose geben und mit Deckel verschließen. Im Kühlschrank aufbewahren. Die produzierte Menge durch 5 geteilt ergibt die tägliche Ration, bis die nächsten Sprossen gezogen sind.

### Verwendung:
roh aufs Brot, zu Fisch, zu Nudelgerichten, als Einlage für Suppen und für Salate.

## Brokkoli

Botanischer Name: *Brassica oleracea botrytis cymosa*

Brokkolisprossen sind bei uns noch nicht so bekannt, in den Vereinigten Staaten haben sie Hochkonjunktur. Wie aus einer amerikanischen Studie hervorgeht, sind in den Sprossen die krebshemmenden Stoffe wie zum Beispiel Sulforaphan in konzentrierter Form bis um das 50-Fache höher als in der ausgewachsenen reifen Pflanze.

Brokkoli zählt zu den Kohlgewächsen, zur Familie der Brassicaceae. Im Geschmack sind Brokkolisprossen etwas milder als Chinakohlsprossen, erinnern auch an Kren.

### Vom Samen zum Spross:
Brokkolisprossen zieht man wie Alfalfa-Sprossen, jedoch nur 4 ganze Tage (Einweichwasser zum Pflanzengießen verwenden).
In eine Lebensmitteldose auf Haushaltspapier geben und mit einem Deckel verschließen, im Kühlschrank aufbewahren (mindestens bis zu 20 Tagen haltbar).

### Verwendung:
roh aufs Brot, in Suppen, zu Käse, Nudeln, Fisch- und Fleischgerichten und für Salate.

## Buchweizen

Botanischer Name: *Polygonum fagopyrum*

Der Buchweizen ist kein Getreide, sondern ein Knöterichgewächs. Seine Heimat sind Neapel und China, zu verdanken haben wir ihn den Türken und Tartaren. Buchweizen bringt auch auf sehr kargen Böden gute Erträge, wird auch als Gründüngung und als Bienennahrung angebaut.

### Vom Samen zum Spross:
Buchweizen sprießt hervorragend. In den Kultivator 8 gut gehäufte Esslöffel Samen geben und ihn halbhoch mit Wasser befüllen. 4–6 Stunden mit Wasser quellen lassen, die Manna mit Gewebefilter und Deckel abschließen. Mit viel Wasser gut nachspülen, bis das Wasser klar ist (Buchweizen erzeugt schleimiges Wasser). Danach die Manna schräg in den Sprossengarten stellen und morgens und abends bewegen, nach ca. 1,5–2 Tagen sind die Sprossen fertig; der Spross soll nicht länger als das Samenkorn sein.

### Verwendung:
Buchweizensprossen passen hervorragend zu Müsli ins Joghurt, zu Fruchtsalaten, Salaten, auf Aufstrichbrote mit Butter oder Topfen, in Erdäpfelgerichte und zu Süßspeisen und Eis.
In eine Lebensmitteldose auf Haushaltspapier geben (gut trocknen) und mit einem Deckel verschließen. Im Kühlschrank aufbewahren (Sprossen sind einige Tage haltbar, können den Geschmack und die Farbe bei zu langer Lagerung verändern).

## Chinakohl

Botanischer Name: *Brassica pekinensis*

Wie der Name vermuten lässt, kommt der Chinakohl aus China. In der chinesischen Küche finden die Sprossen entsprechend gerne ihre Verwendung. Obwohl die Chinakohlsprossen bei uns eher noch unbekannt sind, finden sie im Privathaushalt und in der guten Gastronomie täglich neue Anhänger. Chinakohlsprossen sind etwas milder als Rettichsprossen und schmecken – erwartungsgemäß – nach Kohl. Chinakohl gehört auch zur Familie der Kreuzblütengewächse (Brassicaceae) und enthält wie alle Kohlgewächse krebshemmende Stoffe (siehe Brokkoli).

### Vom Samen zum Spross:
wie Alfalfa-Sprossen ziehen, jedoch nur 4 ganze Tage (Einweichwasser zum Pflanzengießen verwenden). In eine Lebensmitteldose auf Haushaltspapier geben und mit einem Deckel verschließen. Im Kühlschrank aufbewahren (mindestens bis zu 20 Tagen haltbar).

### Verwendung:
roh aufs Brot, in Suppen, zu Käse-, Nudel-, Fisch- und Fleischgerichten. Chinakohlsprossen passen auch gut zu Salaten, Wild- und Geflügelgerichten, aber auch zu Erdäpfeln.

### Zu beachten ist:
Bei längerer Lagerung können sich kleine feine Härchen bilden, sogenannte Wasserwurzeln, es handelt sich dabei nicht um

Schimmel. Sie sind ein Zeichen dafür, dass das Haushaltspapier gewechselt werden sollte, die Dose enthält zu viel Wasser. Die Wurzeln sind trotzdem essbar (Geruchstest durchführen).

## Dinkel

Botanischer Name: *Triticum aestivum* subsp. *spelta*

Dinkel ist der Vorfahre des Weizens und eine der ältesten und gesündesten Getreidearten.
Aus wirtschaftlichen Gründen hat der Weizen den Dinkel verdrängt. Doch in den letzten Jahren wird der Dinkel wieder vermehrt angebaut und ist wieder stark im Kommen. Hildegard von Bingen (1098–1179) hat dem Dinkel große Heilwirkung zugeschrieben. Dinkelsprossen sollen den Stoffwechsel ankurbeln und hilfreich bei der Regeneration der Leber sein. Der sogenannte Spelz bleibt beim Dreschen am Korn und muss deshalb in einem eigenen Arbeitsgang vom Korn getrennt werden.
Der Spross soll nicht länger als das Samenkorn sein. Auch hier gilt: nur Saaten, die für die Sprossenkultur gedacht sind, verwenden. Auch eignen sich Dinkelsamen (Getreide-Mix von Pure-Life) zum Mischen mit Weizen und Roggen.

### Vom Samen zum Spross:
Dinkel wird wie Bockshornklee gezogen. Samen 14–16 Stunden einweichen, Wasser in der Zwischenzeit wechseln. Einweich- und Spülwasser nur zum Pflanzengießen verwenden.

In eine Lebensmitteldose auf Haushaltspapier geben und mit einem Deckel verschließen. Im Kühlschrank aufbewahren (eher rasch verarbeiten, die Sprossen wachsen auch im Kühlschrank weiter und verändern den Geschmack).

### Verwendung:
Dinkelsprossen passen gut in Gemüselaibchen oder in Suppen, schmecken gut in Fruchtsalat, in Müsli, in Desserts und auch zu Käse, da sie süßlich im Geschmack sind. Arbeitet man Dinkelsprossen in Brotteig ein und bäckt sie mit, so bekommt das Brot ein eigenes Aroma. Das Aroma von Brot können Sie, wenn sie anstatt normalen Wassers das Einweichwasser von Alfalfa oder Bockshornklee verwenden, intensivieren.

## Erbsen

Botanischer Name: *Pisum sativum*

Die Erbse begleitet den Menschen seit der Frühgeschichte seiner Existenz, seit der Steinzeit ist ihr Anbau belegt. Wie archäologische Funde beweisen, wurden etwa auf Kreta die Erbsen in Krügen, sogenannten Pithos, aufbewahrt.
Aus dem kletternden Strauch entwickelten sich viele Erbsenarten und ebenso viele Erbsengerichte. Die Erbse gehört zur Familie der Schmetterlingsblütler, entsprechend groß ist ihre Arten- und Farbenvielfalt, von Gelb und Weiß über Beige zu Oliv und Lindgrün.

### Vom Samen zum Spross:
6–8 gut gehäufte Esslöffel Erbsensamen in den Kultivator füllen, die Manna mit Gewe-

befilter und Deckel abschließen, Wasser halbhoch in den Kultivator geben und 14–16 Stunden einweichen, das Wasser ein- bis zweimal wechseln. Am Morgen das Wasser abgießen, den Kultivator nochmals durch den Gewebefilter mit Wasser füllen, waagrecht in der Hand halten und 7- bis 8-mal mit einer Vorwärtsbewegung schütteln. Dann das Wasser abgießen und den Kultivator auf das Metallabtropfgitter oder in den dazupassenden Sprossengarten von Pure-Life stellen (45-Grad-Neigung); immer mit der Öffnung nach unten stehen lassen.

Am Abend den Kultivator nehmen und 7- bis 8-mal mit einer Vorwärtsbewegung ohne Wasser schütteln, dann wieder mit der Öffnung nach unten auf das Abtropfgestell oder den Sprossengarten stellen.

Am 2. Tag: morgens mit Wasser und Bewegung die Sprossen reinigen. Den Kultivator mit der Öffnung nach unten zurück auf das Abtropfgitter oder in den Sprossengarten stellen.

Am 3. Tag: Am Morgen sind die Sprossen fertig gezogen. (Der Spross soll nicht länger als das Samenkorn sein, Erbsensprossen können auch am Abend des zweiten Tages schon fertig sein, das hängt vom Raumklima ab.) In eine Lebensmitteldose auf Haushaltspapier geben und mit Deckel verschließen. Im Kühlschrank aufbewahren (eher rasch verarbeiten, Erbsensprossen wachsen auch im Kühlschrank weiter).

### Verwendung:
roh, für Reisgerichte, als Einlage zu Suppen und Salaten, für Erbsenpüree; zu Aufstrich verarbeiten oder in etwas Butter und Salz geschwenkt als gesunde Näscherei für zwischendurch, für Aperitife.

### Zu beachten ist:
Während der Keimung entstehen Gase, daher gut mit kühlerem Wasser spülen, besonders im Sommer; öfter in der Manna bewegen und für gute Sauerstoffzufuhr sorgen.

## Fenchel mit Alfalfa

Fenchelsamen werden als Heilmittel bei Magen- und Darmproblemen empfohlen, auch für Kindertees findet Fenchel Verwendung, und er soll für seelische Ausgeglichenheit sorgen.
Auch hier gilt: nur Saaten, die für die Sprossenkultur gedacht sind, verwenden!

### Vom Samen zum Spross:
10 % Fenchel- mit 90 % Alfalfa-Samen mischen. Gezogen werden die Sprossen wie Alfalfa-Sprossen, das Einweich- und Spülwasser kann nur zum Pflanzengießen verwendet werden.

### Verwendung:
Diese würzige Sprossenkombination passt zu Fisch, Fleisch, Melonen, Gurkensalat und zu Fruchtdesserts.

### Zu beachten ist:
Bitte geben Sie nicht mehr als einen gestrichenen Teelöffel Fenchel und maximal 2 EL Alfalfa-Samen in die Manna.

## Green mild

Botanischer Name: *Brassica dulcis*

Bei Green mild handelt es sich um eine sehr alte Sorte und eine Pure-Life-Spezialität, die in der Schweiz wächst. Angebaut wird sie von lustigen Bio-Bauern, die gerne für Sie arbeiten.
Steigerung und Wandlung: Durch das Keimen werden alle Inhaltsstoffe im Enzymprozess gewandelt, Hormone und Vitamine vermehren sich oder bilden sich neu. Komplexe organische Verbindungen werden in eine leichter verdauliche bzw. aufnehmbare Form umgewandelt.
Green-mild-Sprossen passen wunderbar zu Fischgerichten und zu einer subtilen Küche. Der milde, leicht nussige Geschmack erfreut Jung und Alt und wirkt gleichzeitig beruhigend und aufbauend. Ideal für rekonvaleszente Menschen.

**Vom Samen zum Spross:**
Green-mild-Sprossen werden wie Chinakohlsprossen gezogen.

## Kichererbsen

Botanischer Name: *Cicer arietinum*

Ursprünglich stammen Kichererbsen aus Vorderasien. Wild wie Unkraut wächst die Kichererbse teilweise im Orient. Als Kulturpflanze wird sie in Indien, Pakistan, der Türkei, Afrika und Südeuropa angebaut. In der Signaturlehre gilt die Kichererbse, ihrer Form und ihrem Aussehen nach an einen Widderkopf erinnernd, darum auch als ein starkes Aphrodisiakum. Sie findet auch auf Basis von Breiumschlägen aus Kichererbsenmehl und Honig in der indischen Heilkunde gegen Krebs Verwendung. Die sandfarbenen Kichererbsensamen vertragen extreme Trockenheit und behalten ihre Keimfähigkeit länger als manch andere Saaten. Eine indische Studie belegt, dass Kichererbsensprossen in Hungerregionen dem Vitamin-C-Mangel vorbeugen.

**Vom Samen zum Spross:**
Kichererbsensprossen werden wie Erbsensprossen gezogen.

**Verwendung:**
für Rohkostsalate, Reisgerichte, als Einlage zu Suppen, für Kichererbsenpüree; zu Aufstrich (Hummus) verarbeitet oder in etwas Butter und Salz geschwenkt als gesunde Nascherei für zwischendurch.

**Zu beachten ist:**
Der Sprossengärtner sollte während der Einweichzeit das Einweichwasser zweimal wechseln, in der Anfangsphase kommt es bei Kichererbsen zu einer starken Gasbil-

dung, daher sollten sie am Morgen und am Abend gut bewegt werden, auch ist für gute Belüftung zu sorgen. (Der Sprossengarten von Pure-Life ist hier sehr von Vorteil.) Auch hier gilt: Der Spross soll nicht länger als das Samenkorn sein, die Sprossen sind eher für den raschen Verzehr gedacht, da sie ihren Geschmack verändern; sie wachsen im Kühlschrank weiter.

### Kresse mit Alfalfa

Kressesprossen sind kinderleicht zu ziehen, nichts wächst schneller und einfacher als Kresse. Ihr Ursprungsland ist Persien und auch in Syrien gibt es Spuren des frühen Anbaus. Hippokrates empfiehlt zur Vorbeugung die Kresse als Heilmittel zur Reinigung des Körpers.
Die Kresse zählt zur Familie der Kreuzblütler. Die Samen sind stark schleimbildend, wenn sie mit Wasser in Berührung kommen.

#### Vom Samen zum Spross:
Diese Mischung wird wie Fenchel- mit Alfalfa-Sprossen gezogen.
Am besten werden ca. 10 % Kressesamen mit 90 % Alfalfa-Samen in der Manna gemischt und fünf ganze Tage gezogen.

#### Verwendung:
Diese würzige Sprossenkombination passt zu Fisch, Fleisch, Melonen, Gurkensalat und in Rohkostsuppen (siehe Alfalfa-Sprossen-Suppe Seite 105).

#### Zu beachten ist:
Bitte geben Sie nicht mehr als einen gestrichenen Teelöffel Kresse und maximal 2 EL Alfalfa-Samen in eine Manna. Achtung: Kresse erzeugt Schleimstoffe, die sich in Kombination mit Alfalfa nach 2–3 Tagen verlieren.

### Linsen

Botanischer Name: *Lens culinaris*

Nachweislich werden Linsen seit über 10 000 Jahren angebaut. Zusammen mit Zwiebel und Knoblauch waren Linsen das wichtigste Nahrungsmittel der Pyramidenbauer. Heute konzentriert sich der Linsenanbau auf den Vorderen Orient, Südeuropa und die USA. Vielfältig ist ihre Gestalt, Form und Farbe, und auch der Geschmack ist ebenso mannigfaltig, von lieblich über würzig und herb bis mehlig – das ist sortenabhängig. Ein Linsengericht wurde oftmals als Armeleuteessen bezeichnet. Für die Sprossenkultur verwenden wir nur ausgesuchtes Saatgut, nicht die Linsen aus den Supermärkten, die zum Kochen verwendet werden. Aus der Naturheilkunde wissen wir, dass bei Entzündungen Linsenwickel und -auflagen empfohlen werden.
Linsengerichte gekocht zubereitet werden nicht von allen Menschen gleich gut vertragen, manche bekommen Verdauungsprobleme; sie sollten zweimal am Tag zwei Handvoll rohe „Linsensprossen" essen und gut durchkauen. Übrigens: Menschen, die regelmäßig Sprossen essen, haben kaum Magen- und Verdauungsbeschwerden.

**Vom Samen zum Spross:**
Linsensprossen werden wie Bockshornklee gezogen. Samen 14–16 Stunden einweichen, Wasser in der Zwischenzeit wechseln. Einweich- und Spülwasser nur zum Pflanzengießen verwenden.
In eine Lebensmitteldose auf Haushaltspapier geben und mit Deckel verschließen. Im Kühlschrank aufbewahren.

**Verwendung:**
für Rohkostsalate, Reisgerichte, als Einlage zu Suppen, für Linsenpüree, Fischgerichte, Gemüsepfannen, Wok-Gerichte, Ragouts, Aufstriche (Linsen-Hummus); roh als gesunde Näscherei für zwischendurch.

**Zu beachten ist:**
Linsensprossen wachsen je nach Raumklima sehr rasch, die Sprossen können schon nach 1,5 Tagen fertig gewachsen sein. Auch hier gilt, dass der Spross nicht länger als das Samenkorn sein soll. Meine Empfehlung: Lassen Sie keine Blätter wachsen, denn dann wachsen sich auch die Inhaltsstoffe aus. Sollten sich Blätter gebildet haben, können Sie die Sprossen selbstverständlich weiterverwenden.

## Quinoa

Botanischer Name: *Chenopodium quinoa*

Die Powersprosse Quinoa!
Quinoa, ein wiederentdecktes Grundnahrungsmittel der Inkas, hält in die gesunde Küche Einzug.
Quinoa ist durch ihren hohen Anteil an Eisen und Eiweißen ein ideales Nahrungsmittel nicht nur für Vegetarier und Veganer, sondern für jeden von uns.
Das kleine Korn ist nussartig im Geschmack, als Spross verändert sich der Geschmack und erinnert an frischen jungen Mais. Quinoa-Sprossen verfügen über einen überdurchschnittlichen, ausgewogenen Nährstoffgehalt sowie einen hohen Anteil an Mineralien und sind sehr eiweißreich.
Die kleinen Körner sind für den Sprossengärtner Glücks- und Gesundheitsbringer: Neun essentielle Aminosäuren sind in den 20 primären Pflanzenstoffen enthalten, einfach und mehrfach ungesättigte Fettsäuren sowie Omega-3-Fettsäuren. Quinoa-Sprossen besitzen besonders starke gesundheitsfördernde Eigenschaften.
**Wichtig:** Verwenden Sie nur Quinoa-Samen, die für die Sprossenkultur vorgesehen sind, nicht jene, die Sie zum Kochen angeboten bekommen. Das gilt auch für alle anderen Samen und alles Saatgut, auch wenn sie bio sind. Paradox ist, dass „bio" ja „Leben" heißt, die Bio-Organisationen aber nicht die Vitalität des Saatguts prüfen, sondern nur weniger Gift und keine natürliche Produktion anstreben.

**Vom Samen zum Spross:**
Quinoa sprießt hervorragend. In den Kultivator 8 gut gehäufte Esslöffel Samen geben und den Kultivator bis zur Hälfte mit Wasser füllen. Die Samen 4–6 Stunden mit Wasser quellen lassen, die Manna mit Gewebefilter und Deckel abschließen, nach 6 Stunden mit viel Wasser gut nachspülen, bis das Wasser klar ist (Quinoa erzeugt milchiges Wasser). Danach die Manna mit den Samen drehen, damit diese an den Wänden des Kultivators kleben bleiben. Schräg in den Sprossengarten stellen und morgens und abends ohne Wasser bewegen (wenn sich die Sprossen nicht gut bewegen lassen, leicht an die Wand des Kultivators klopfen, bis die Sprossen herunterfallen). Nach etwa einem Tag und einer Nacht sind die Sprossen fertig, wobei der Spross nicht länger als das Samenkorn sein soll. Wenn die Sprossen ihre

Größe erreicht haben, klopfen Sie sie auf ein Küchentuch, um sie eventuell zu trocknen, bevor Sie sie mit der Frischedose in den Kühlschrank stellen.

### Verwendung:
Quinoa-Sprossen passen hervorragend zu Müsli ins Joghurt, in Fruchtsalate, zu Salaten oder auf Aufstrichbrote mit Butter oder Topfen oder in Erdäpfelgerichte; oder man bäckt sie in Kuchen und Soufflés mit. Sie sind im Geschmack wie junger Mais.
In eine Lebensmitteldose auf Haushaltspapier (gut trocknen) geben und mit einem Deckel verschließen. Im Kühlschrank aufbewahren (sind einige Tage haltbar, können den Geschmack und die Farbe bei zu langer Lagerung verändern). Quinoa-Sprossen eignen sich auch zum Trocknen und können so länger haltbar gemacht werden.

## Rettich München

Botanischer Name: *Raphanus sativus*

Der Rettich wurde schon in vorchristlicher Zeit (2700 v. Chr.) in der Alten Welt kultiviert. Japan und China sind die Heimat dieser gesunden Kraftnahrung. Rettich besitzt antibakterielle Eigenschaften und fördert die Verdauung. Er enthält einen hohen Anteil an natürlichem Vitamin C und die grünen Blätter beinhalten Chlorophyll.

### Vom Samen zum Spross:
Rettich-München-Sprossen werden wie Rettich-rot-Sprossen gezogen.

## Rettich rot

Botanischer Name: *Raphanus sativus rufus*

Menschen, die mit den Augen essen, erfreuen sich an seiner roten Farbe.
Die Rettichsprossen gelten als Penicillin-Ersatz. Sehr beliebt sind sie als Käseplatten-Begleitung. Mit Raclette und Fondue serviert, unterstützen sie die Verdauung.
Rettich ist nicht scharf und brennend, sondern pikant. Bierkenner schätzen den Geschmack der Rettichsprossen sehr, und wie alle Sprossen vermindern sie den Alkohol im Körper.

### Vom Samen zum Spross:
Wie Alfalfa-Sprossen sind die Rettichsprossen meist nach 4 Tagen fertig. Das Einweich- und Spülwasser kann nur als Gießwasser für Pflanzen verwendet werden.

### Verwendung:
auf Salate, zu Käse, Fisch- und Fleischspeisen, Wasabicreme, Käsefondue, auf Brötchen und Pizza.

### Zu beachten ist:
1. Wenn die Rettichsprossen beim Sprießen nicht genügend Wasser erhalten, bilden sie feine Haarwurzeln, die der unerfahrene Sprossengärtner für Schimmel halten könnte, was sie aber nicht sind.
2. Wenn man nach dem Genuss von Rettichsprossen aufstoßen muss oder wenn man die Sprossen sogar erbricht, bedeutet das eindeutig, dass der Körper vergiftet ist (in diesem Fall ist eine Entgiftungs- und Potenz-Sprossen-Kur von Pure-Life notwendig).

## Roggen

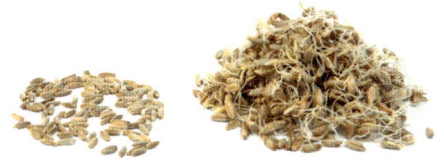

Botanischer Name: *Secale cereale*

Besonders zu erwähnen ist der hohe Gehalt an Jod und Zink.
Roggensprossen geben Menschen in Rehabilitation und Menschen, die Krafttraining betreiben, viel Energie, um ihre Vitalität zu steigern und zu erhalten. Sprossen ersetzen für diese Menschen alle, sogar die besten künstlichen Präparate.

**Vom Samen zum Spross:**
Roggensprossen werden wie Dinkelsprossen gezogen.

## Rotkohl

Botanischer Name: *Brassica oleracea* convar. *Capitata* var. *Rubra*

Wie alle kohlartigen Sprossen wirken auch die Inhaltsstoffe von Rotkohlsprossen stark krebshemmend.

**Vom Samen zum Spross:**
Rotkohlsprossen werden wie Brokkolisprossen gezogen.

**Verwendung:**
Rotkohl-Sprossen geben Ihren Gerichten eine schöne farbige Note; als Suppeneinlage, für Wildgerichte, Salate, Nudelgerichte, Rindfleisch, roh auf Pizzen.

## Sonnenblumen ganz

Botanischer Name: *Helianthus annuus*

Sprossenliebhaber schätzen diese langen, grünen Sprossen mit den kräftigen grünen Blättern, für sie sind sie Sonnen- bzw. Lichtnahrung, die durch ihren einmaligen Geschmack begeistert.
Wer sie kennt, wird immer wieder gerne auf sie zurückgreifen.

**Vom Samen zum Spross:**
Tagtäglich bewässern wie Alfalfa. Eine leicht bräunliche Wurzel ist normal.

**Verwendung:**
für Salate, zu Fleisch-, Fisch- und Nudelgerichten, Erdäpfeln, auf Brötchen, in Smoothies, Aufstriche, pikante Cremen, Desserts.

## Sonnenblumen geschält

Botanischer Name: *Helianthus annuus*

Die Indianer Amerikas bereiten auch heute noch Säfte aus den Samen, Stängeln, Blüten und Blättern dieser Pflanze zu und behandeln giftige Stiche mit einer Paste. Die Volksmedizin nutzt die Kräfte des Sonnenblumenöls wegen seines aufbauenden Nährwertes als allgemein stärkend und vorbeugend. Untersuchungen zeigten, dass die Linolsäure in der Sonnenblume positiven Einfluss auf Multiple-Sklerose-Erkrankungen nehmen kann. Die Sprossen haben eine positive Wirkung bei Kreislauferkrankungen, auf den Cholesterinspiegel und sie wirken durch den hohen Eisengehalt bei Blutarmut.

### Vom Samen zum Spross:
Die Sprossen sind nach 1,5 Tagen fertig. Nur 4 Stunden einweichen, das Wasser abgießen, nochmals mit Wasser befüllen, dann den Deckel und Gewebefilter des Kultivators wegnehmen und die losen Häutchen entfernen. Kultivator schließen, Samen waschen, bis das Wasser klar ist. Wasser abgießen, Kultivator mit der Öffnung nach unten auf das Abtropfgitter oder in den Sprossengarten von Pure-Life stellen. Am Abend und am nächsten Morgen nur leicht bewegen, ohne Wasser zuzugeben. Am Abend sind die Sprossen fertig gezogen. In eine Lebensmitteldose auf Haushaltspapier geben, mit einem Deckel verschließen und im Kühlschrank aufbewahren (die Sprossen sind einige Tage haltbar, können den Geschmack und die Farbe bei zu langer Lagerung verändern). Sonnenblumensprossen eignen sich auch zum Trocknen (Trockner auf 40 °C einstellen) und können so länger haltbar gemacht werden.

### Verwendung:
Roh macht froh: auf Salate, zu Fleisch-, Fisch- und Nudelgerichten, Erdäpfeln, auf Brötchen, in Smoothies, für Aufstriche, Cremen, Desserts, Süßspeisen und Eis.

## Weizen

Botanischer Name: *Triticum aestivum*

In unserer westlichen Welt ist Getreide und damit auch Weizen die Basis der Ernährung. Auf biogenischer Ebene (Sprossenkultur) gelten andere Kriterien. Makrobiotiker und Vegetarier schätzen Weizensprossen sehr und produzieren sogar Weizengras damit. Wenn schon, dann bitte nicht in der Erde (statisch) oder in ähnlichen Substraten produzieren, wo 90 % der Samenkraft und Arbeit der Bauern an die Wurzelbildung verloren gehen, sondern im Professionell-Pure-Life-Manna-Sprossenkultivator.
Dr. Krebs, der bekannte amerikanische Ernährungswissenschaftler, hat herausgefunden, dass der Laetrilgehalt im Spross um bis zu 100-mal höher ist als im Samen. Laetril (Vitamin B17) ist als Anti-Krebs-Vitamin bekannt. Ohne gesunde Zellen anzugreifen, zerstört es Krebszellen.

### Vom Samen zum Spross:
Weizensprossen werden wie Dinkelsprossen gezogen.

### Verwendung:
wie Dinkelsprossen.

## Zwiebel

Botanischer Name: *Allium cepa*

Zwiebelsprossen werden von Fleischliebhabern vergöttert, da sie das Fleisch während des Verdauungsprozesses zersetzen helfen. Sie sind geschmackvoll und schön fürs Auge. Wie alle anderen Sprossen sind sie auch für ihre antiseptische Wirkung und die Stärkung des Immunsystems bekannt.
Mit dem Manna-Sprossenkultivator von Pure-Life sind die Zwiebelsprossen sehr leicht zu ziehen.

### Vom Samen zum Spross:
8 EL Zwiebelsamen in ca. 1 l Wasser nur 3 Stunden einweichen, die Manna mit Gewebefilter und Deckel abschließen, das Wasser nach 3 Stunden abgießen. Nochmals durch den Gewebefilter mit Wasser füllen, den Kultivator waagrecht in der Hand halten und 7- bis 8-mal mit einer Vorwärtsbewegung schütteln. Dann das Wasser wegschütten und den Kultivator mit den Samen drehen, damit sich die Samen auf der Innenseite des Kultivators anlegen können. Auf das Metallabtropfgitter oder in den dazupassenden Sprossengarten von Pure-Life stellen (45-Grad-Neigung), immer mit der Öffnung nach unten stehen lassen.
Am Abend den Kultivator nehmen und 7- bis 8-mal mit einer Vorwärtsbewegung ohne Wasser schütteln beziehungsweise drehen, bei leichtem Klopfen mit der Hand können die feuchten Samen im Kultivator bewegt werden, dann wieder in das Abtropfgestell oder den Sprossengarten mit der Öffnung nach unten stellen.
Am 2. Tag: morgens ohne Wasser bewegen (kontrollieren, ob die Samen noch glänzen bzw. noch feucht sind), am Abend, wenn die Samen glanzlos, das heißt matt sind, den Kultivator bis zur Hälfte mit Wasser füllen und waagrecht in der Hand halten und 7- bis 8-mal mit einer Vorwärtsbewegung schütteln.
Am 3.–8. Tag: morgens und am Abend den Kultivator nehmen und 7- bis 8-mal mit einer Vorwärtsbewegung ohne Wasser schütteln beziehungsweise drehen. Immer dann gut mit Wasser spülen, wenn die schwarzen Samenkörner matt sind, sonst nur bewegen.
Am 8. Tag: am Abend die Sprossen nochmals gut spülen und in den Sprossengarten (45-Grad-Neigung) stellen.
Am 9. Tag: morgens nur leichte Bewegung ohne Wasser geben, den Kultivator zurück auf das Abtropfgitter oder in den Sprossengarten stellen. Am Abend die Sprossen rausnehmen. Die jetzt trockenen Zwiebelsprossen in eine Lebensmitteldose auf Haushaltspapier geben und mit dem Deckel verschließen. Im Kühlschrank aufbewahren.

### Verwendung:
roh aufs Brot, zu Fisch, Fleisch, Nudelgerichten und Salaten, als Einlage zu Suppen.

## 2. Sprossenvielfalt und wie man die verschiedenen Sprossen variieren kann

Im Sortiment von Pure-Life bekomme ich eine Vielfalt an Sprossensaatgut mit über 30 verschiedenen Geschmacksrichtungen, von Alfalfa bis zu Zwiebel. Sprossenziehen ist kinderleicht und ich habe die Möglichkeit, viel auszuprobieren und meiner Fantasie freien Lauf zu lassen. Unter Punkt 1 (Sprossenkunde) habe ich einige Beispiele aufgezeigt. Machen Sie bitte Ihre eigenen Erfahrungen und experimentieren Sie.

## 3. Geschmäcker: Welche Sprossen passen wo dazu?

Sprossen bieten eine Vielfalt an Geschmacksrichtungen: mild, scharf, pfeffrig, süßlich, herb, bitter, nussig und so weiter – die Palette an Geschmacksnuancen ist breit gefächert. Jeder Mensch hat sein eigenes Empfinden, seine Intuition. Auch sind wir nicht jeden Tag für das Gleiche empfänglich. Manches Mal verlangt unser Gaumen Süßes und manches Mal Saures, etwas Würziges oder Mildes. Jeder Mensch ist anders, darum sollte man auch niemanden zu etwas zwingen und bevormunden, und wenn es noch so gesund sein mag. Darum geben Sie jedem Ihrer Lieben die Freiheit, sich für eine Sorte seiner Wahl zu entscheiden, indem Sie täglich eine große Auswahl an selbst gezogenen Sprossen zu jeder Mahlzeit auf den Tisch stellen. Meine Empfehlung: 6–8 verschiedene Sorten in einer Frischedose zu jeder Mahlzeit auf den Tisch gestellt, und jeder kann die Menge und den Geschmack frei wählen.

## 4. Wissenswertes zum Selberziehen

Wie ich in der Einleitung schon erwähnte, habe ich meine ersten Sprossen-Gehversuche vor ca. 30 Jahren mit mehr oder weniger Erfolg unternommen. Ich möchte an dieser Stelle gerne meine Erfahrung wiedergeben. Mit verschiedenen Systemen und Mitteln habe ich versucht, Sprossen zu ziehen. Es genügte mir nicht, nur für den privaten Gebrauch Sprossen zu ernten, sondern ich war zugleich auf der Suche nach neuen Geschmackserlebnissen für meine Restaurantküche. Dabei stellte ich mehrere Anforderungen an das Sprossensystem:

**1.** Es muss einfach zu handhaben sein – vom Einweichen der Samen im Wasser bis zur Ernte.
**2.** Problemloses tägliches Spülen muss gewährleistet sein, ohne die Sprossen aus dem Kultivator nehmen zu müssen, um sie in einem Sieb zu spülen, und ohne dass sich die Luftschlitze in den Keimschalen verstopfen.
**3.** Einfache und schnelle Reinigung der Kultivatoren.
**4.** Wenig Energieaufwand.
**5.** Es muss die Hygienebedingungen der Gastronomie erfüllen.
**6.** Keine Bakterienbildung.
**7.** Lange Haltbarkeit.
**8.** Vielzahl an unterschiedlichem Saatgut.

All diese Anforderungen erfüllt für mich das System von Pure-Life aus der Schweiz, das ich Ihnen wirklich empfehlen kann. Ich habe, bis ich die Bekanntschaft mit Herrn Pierre-Louis Vermot-Petit-Outhenin gemacht habe, viel Lehrgeld bezahlt, das Sie sich, wenn Sie sich dieses System anschaffen, ersparen können.

## 5. Haltbarkeit und Lagerung

Die meisten Sprossen sind mindestens 2 Wochen auf Küchenpapier in einer Frischhaltedose im Kühlschrank bei einer Temperatur von ca. 4 °C haltbar. Oft auch länger. Bitte beobachten, riechen, fühlen und schmecken. Es ist lebendige Nahrung, Sprossen wachsen auch im Kühlschrank weiter, ganz, ganz langsam, dadurch kann man nicht genau sagen, wie lange sie halten.
Geschälte Sonnenblumenkerne-, Buchweizen-, Quinoa- und Getreidesprossen sollten eher rasch gegessen werden, da sie sich leicht verfärben und den Geschmack verändern.

## 6. Sonstiges Functional Food: Was verbirgt sich hinter diesem Schlagwort wirklich?

Die Industrie erfindet laufend neue Schlagwörter in Zusammenhang mit Lebensmitteln, doch das einzige Lebensmittel, das den Namen Mittel zum Leben auch verdient, sind Sprossen. Wenn man schon einen neuen Begriff für die Sprossen prägen will, dann trifft es das Wort „Balance-Food". Die Inhaltsstoffe von Sprossen sind nicht gegen, sondern FÜR etwas, Sprossenwirkstoffe versuchen, alles ins Gleichgewicht und in Harmonie zu bringen, vorausgesetzt, die Sprossen werden richtig gezogen und unverändert bzw. schonend gekocht. Jeder Spross hat für sich eigene Schwingungen und Inhaltsstoffe, die positiv auf unseren Körper wirken.

Ich muss von Sprossen die Inhaltsstoffe nicht kennen, auch nicht wissen, wie viel Vitamin C Alfalfa-Sprossen enthalten und welche Wirkungen Sprossen auf meine Vitalität ausüben. Aus diesem Grund habe ich auf Inhaltsstoffe und Vitaminangaben bei der Beschreibung der Sprossen von A bis Z verzichtet, denn das Wissen allein ist zu wenig. Der Erfolg liegt im TUN. Jeder, der Sprossen in verschiedenen Geschmacksrichtungen zieht und isst, bekommt alles, wirklich alles, was Körper und Geist für ein vitales Leben brauchen.

Mein gesundheitliches Unbehagen machte sich vor vielen Jahren dadurch bemerkbar, dass die Leber-, Zucker-, Cholesterin- und Harnsäurewerte nicht stimmten. Ständige Müdigkeit, Kreuz- und Gelenkschmerzen raubten mir den Schlaf, ich hatte Verdauungsprobleme und die Schilddrüse funktionierte nicht mehr richtig. Starkes Übergewicht machte mir ebenfalls zu schaffen (ich hatte vor einigen Jahren knapp 90 kg, heute habe ich um ca. 25 kg weniger). Das Abnehmen ging nicht von heute auf morgen. Ich bekam ja auch nicht von heute auf morgen 90 kg. Aber ich kann aus Erfahrung sagen, dass mir die Sprossen den Weg zu einem vitalen, gesunden Körper bereitet haben. Aber nicht nur meine Gesundheit hat sich wieder eingestellt, auch die meiner Frau Marianne. Sie litt an rheumatischen Beschwerden und konnte vor einigen Jahren ohne starke schmerzstillende Mittel nicht gehen. Seit wir die empfohlene Entgiftungskur mit Sprossen gemacht haben und wir täglich unsere Portion Sprossen essen, hat sich unser Gesundheitszustand normalisiert. Vor zehn Jahren war ich nicht so fit und vital wie heute. Daher lautet meine Devise: „Sprossenessen nicht vergessen."

*Eine Liste der Sprossenhersteller finden Sie auf Seite 173.*

# Die schnelle Sprossenküche

# Bunter Sprossen-Gartensalat mit Orangen und Äpfeln

### Zutaten
**200 g Alfalfa-Sprossen**
**80 g Vogerlsalat** (Feldsalat)
**1 Karotte**
**40 g Blattsalate** (Endivien-, Butterhäuptl-,
 Zuckerhutsalat oder Chinakohl)
**2 Orangen**
**1 Apfel**
**Meersalz**
**Echtes steirisches Kürbiskernöl
 oder bestes Olivenöl**

### So geht's

Blattsalate in ½ cm große Streifen schneiden, gut waschen, abtropfen lassen oder in Salatschleuder geben und Alfalfa-Sprossen zusammen mit den Blattsalaten auf großem Teller anrichten. Vogerlsalat ebenfalls gründlich waschen, schleudern und auf dem Teller verteilen. Schale von einer Orange mit einem Filetiermesser bzw. einem scharfen Messer entfernen, Orangenfilets herausschneiden und rund um den Salatsockel platzieren. Eine Orange auspressen und den Orangensaft als Marinade über den Salat gießen. Die Karotte mit einem Schäler abschälen, danach in dünne Scheiben schneiden und auf Salat legen. Den Apfel schälen, in Streifen schneiden, ebenso auf dem Salat verteilen und mit Kernöl beträufeln und Meersalz bestreuen.

**TIPP:** Für diese Salatvariante können Sie jede frische Frucht, also Obst nach Ihrem Geschmack und nach Saison verwenden. Wunderbar passt auch kurz gebratener Räuchertofu zu diesem Salat.

# Alfalfa-Rettich-Sprossensalat mit Paradeiser-Mozzarellakugeln

### Zutaten
200 g Alfalfa- und Rettichsprossen gemischt
40 g Vogerlsalat
1 Karotte
150 g Chinakohl oder gemischte Blattsalate
100 g Cocktailparadeiser (ca. 12–16 St.)
250 g Mini- oder Büffelmozzarella

### Für die Marinade
4 EL Apfelessig
40 ml Oliven- oder Kürbiskernöl
1 Knoblauchzehe, fein gehackt
Pfeffer aus der Mühle
Meersalz

### So geht's
Chinakohl halbieren, Strunk ausschneiden, in feine Streifen schneiden und mit kaltem Wasser waschen. Vogerlsalat (Nüsslisalat) ebenso reinigen, Salate gut abtropfen lassen oder in einer Salatschleuder trocken schleudern. Chinakohlsalat auf großem Teller als Sockel platzieren, Alfalfa-Sprossen auf dem Chinakohlsalat anrichten und mit Vogerlsalat garnieren. Karotten waschen, schälen, in dünne Scheiben oder Stifte schneiden und auf die Sprossen geben, die Paradeiser in gefällige Stücke schneiden und auf dem Salat verteilen, Mozzarellakugeln abtropfen lassen und rund um den Salat anrichten. Alle Zutaten für die Marinade gut vermischen und über den Salat träufeln.

**TIPP:** Im Frühling empfehlen wir junge Löwenzahnblätter und Zupfsalate als Alternative zu Feld- und Chinakohlsalat.

# Sprossen-Maki-Rolls

### Zutaten für 2 Personen
**1 Nori-Algenblatt** (im Asia-Shop erhältlich)
**100 g Pastinaken**
**50 g Karotten**
**100 g Chinakohlsprossen**
**Etwas Zitronensaft**
**2 cl Apfelessig**
**2 cl Wasser**

**Salzarme Sojasauce, frisch geriebener Kren oder Wasabi, eingelegter Ingwer**

### So geht's
Pastinaken und Karotten schälen, mit Gemüsehobel feinst reiben und mit Zitronensaft marinieren. Nori-Blatt mit etwas Apfelessig-Wasser-Gemisch mit der Hand befeuchten, die gehobelten Pastinaken im obersten Drittel auf dem Nori-Blatt gleichmäßig verteilen. Die Karotten und die Hälfte der Chinakohlsprossen 1 cm vom unteren Rand auf die geriebenen Pastinaken drücken. So platzieren, dass es ein buntes Farbenspiel ergibt.
Das belegte Nori-Blatt mit Hilfe einer Maki-Bambusmatte oder Klarsichtfolie straff einrollen und vorsichtig andrücken, außen mit Apfelessig-Wasser-Gemisch befeuchten. 10 Min. reifen lassen, danach die Rolle in 2–3 cm breite Stücke schneiden. Auf einem Teller anrichten, mit Sojasauce, frisch geriebenem Kren, eingelegtem Ingwer und den restlichen Chinakohlsprossen servieren.

**TIPP:** Diese Rohkost-Rolls lassen sich beliebig mit verschiedensten Sprossen sowie mit Kürbis, Kraut, Rüben, Topinambur, Salatblättern u. v. m. variieren.

# Linsensprossensalat mit steirischem Kürbiskernöl

## Zutaten
**300–400 g bunte gemischte Linsensprossen**
(von grünen, lachsfarbenen und Belugalinsen)
**1/2 rote Zwiebel**
**300 g Zuckerhutsalat oder andere Blattsalate**

## Für die Marinade
**30 ml Apfelessig**
**60 ml Kürbiskernöl oder Olivenöl nach Bedarf**
**1 Knoblauchzehe**
**Meersalz, Pfeffer aus der Mühle**
**1 Bund Blattpetersilie**

## So geht's
Für die Marinade Knoblauch fein hacken, alle Zutaten gut miteinander vermischen und pikant abschmecken. Blattsalate waschen, trocken schleudern, die Linsen roh mit fein gehackter Zwiebel mischen und mit der Hälfte der Marinade marinieren. Auf Tellern anrichten, ebenso den Blattsalat marinieren, gegebenenfalls nachsalzen, anrichten und mit fein geschnittener Petersilie vollenden.

**TIPP:** Zu diesem Salat empfehlen wir Sprossen-Erdäpfelpuffer (siehe Rezept Seite 132).
Kochen bzw. blanchieren Sie die Linsensprossen nicht, sie sind durch den Keimprozess umgewandelt und dadurch leicht verdaulich.

# Schafkäsepralinen mit Fink's Paradeis Chutney und Sprossen

### Zutaten
**12 Schafkäsekugeln à 30–40 g**
**Mehl**
**2 Eier zum Panieren**
**Kataifi-Teig** (fein nudelig geschnittener Strudelteig)
   **oder ersatzweise Cornflakes zum Panieren**
**Pflanzenöl zum Frittieren**
**Ca. 200 g Kirschparadeiser**
**1 Glas Fink's Paradeis Chutney**

### Für die Marinade
**6 cl Olivenöl**
**3 cl Paradeiser- oder Apfelessig**
**Meersalz, Prise Zucker**
**Etwas Tabasco**

**100 g Grünsprossen-Mix (Power-Mix)**
**1 Handvoll Wiesenkräuter**

### So geht's
Die Schafkäsekugerl in Mehl wälzen, in aufgeschlagenes Ei tauchen, die feinen Teigstreifen andrücken und kalt stellen. Die Kirschparadeiser kurz in kochendem Wasser überkochen und in Eiswasser abschrecken, im Backofen bei 80 °C ca. 6 Stunden bei leicht geöffneter Ofentür antrocknen.
Für die Marinade alle Zutaten gut vermischen und pikant abschmecken. Die Sprossen, die leicht getrockneten Kirschparadeiser und die Wiesenkräuter mit der Marinade abmachen.
Sprossen, Paradeiser und Kräuter auf Teller setzen. Die Schafkäsekugeln sehr heiß und rasch frittieren, gut abtropfen und auch auf Teller setzen.

**TIPP:** Dieses Gericht lässt sich gut vorbereiten und rasch servieren, in Kombination mit Knäckebrot oder Baguette hat man ein vollständiges Essen.

# Frühlingskrautsalat mit Belugalinsen-Sprossen

## Zutaten
**300 g Weißkraut** (kl. Weißkrautkopf)
**100 g Belugalinsen-Sprossen**
**1/2 Zwiebel**
**1/2 Knoblauchzehe**
**Prise Kümmel**
**30 ml Apfelessig**
**50 ml Raps- oder Kürbiskernöl**
**Meersalz, Pfeffer aus der Mühle**

## So geht's
Weißkraut halbieren, Stielansatz ausschneiden, Kraut mit Gemüse oder Krauthobel fein hobeln oder mit einem scharfen Messer fein schneiden und mit Meersalz einsalzen und durchziehen lassen. Die Zwiebel schälen, kleinwürfelig schneiden, mit den Belugalinsen-Sprossen in das Kraut geben und mit Kümmel, fein gehacktem Knoblauch und Pfeffer aus der Mühle würzen. Mit Kernöl gut vermischen und ca. 20 Min. ziehen lassen, vor dem Servieren evtl. nachwürzen.

# Zucchini-Mungosprossen-Salat

### Zutaten
**2 Zucchini**
**80 g grüne und schwarze Mungosprossen**
**30 g Zwiebelsprossen**
**1 Knoblauchzehe**

### Für die Marinade
**Saft einer Zitrone**
**50 ml Olivenöl**
**Meersalz**
**Pfeffer aus der Mühle**
**1 EL frisch geschnittenes Basilikum**

**Rote Rettichsprossen zum Garnieren**
**1 Handvoll entsteinte schwarze Oliven**

### So geht's
Zucchini waschen, Enden knapp abschneiden und in feine Stifte schneiden. Für die Marinade alle Zutaten gut miteinander vermischen und abschmecken.
Knoblauch fein hacken und zusammen mit den Zucchini, den Mungo- und Zwiebelsprossen in einer Schüssel mit der Marinade abmischen und pikant nachwürzen. Mit den Rettichsprossen und Oliven garnieren.

**TIPP:** Gerne servieren wir auch Kräuterbackerbsen oder knusprige Brotscheiben zu diesem herzhaften Salat. Dieser Salatvariation können Sie mit Rotkohlprossen eine würzige Note mit wärmender Eigenschaft verleihen.

# Kalt gedämpfte Lachsforelle mit Sprossengemüse

### Zutaten für 6 Portionen
600 g Lachsforellenfilet mit Haut, entgrätet
Oliven- oder Zitronenöl
Fischpfeffer-Mischung
Pfeffer aus der Mühle
Meersalz

### Für das Sprossengemüse
1 Kohlrabi
50 g Knusper-Mix-Sprossen
1 Karotte
1 gelbe Rübe
1 Bund Junglauch, fein geschnitten

### Für die Marinade
40 ml Passionsfrucht- oder Orangensaft
4 cl weißer Balsamicoessig
Meersalz
Fruchtiges Olivenöl
Etwas Tabasco

200 g Sauerrahm
Zitronenöl und -saft
Evtl. Bittersalate und Kaviar als Garnitur

### So geht's
Die Lachsforellenfilets zurechtschneiden, portionieren und mit der Hautseite mit etwas Abstand auf mit Olivenöl beträufelte Teller geben.
Mit Fischpfeffer-Mischung würzen, mit Klarsichtfolie abdecken und bei 80 °C im Ofen mit Umluft ca. 15–20 Min. glasig garen. Inzwischen das Sprossengemüse vorbereiten: Gemüse schälen und in Würferl (3 mm) schneiden, einsalzen, nach 10 Min. Sprossen, Junglauch, Passionsfruchtsaft, Balsamicoessig, Meersalz, Olivenöl und Tabasco zugeben und pikant abschmecken.
Wenn der Fisch schön glasig ist, Folie abnehmen, Haut vorsichtig abziehen und mit Meersalz würzen. Sauerrahm mit Salz und Zitronenöl sowie Zitronensaft vermischt kreisrund auf Teller streichen und das Sprossengemüse sowie die Fischfilets auflegen. Evtl. mit Bittersalaten, Kaviar und Fink's Paradeis Chutney garnieren und servieren.

**TIPP:** Genauso gut lässt sich dieses Rezept mit Meeresfischen, Lachs, Forellen oder Saiblingen zubereiten.

# Erdäpfelsalat mit Zwiebelsprossen

### Zutaten
**1 kg festkochende speckige Erdäpfel**

### Für die Marinade
**300 ml Wasser oder gute Suppe**
**Meersalz**
**Pfeffer aus der Mühle**
**2 EL Senf nach Geschmack**
**50–80 ml Apfel- oder Obstessig**
**70 ml Raps- oder Maiskeimöl**
**1 rote Zwiebel**

**1 kl. Bund Jung- oder Schnittlauch**
**1 kl. rote Zwiebel, in Scheiben geschnitten**

### So geht's
Erdäpfel waschen, in purem Wasser langsam und schonend auf den Punkt weich kochen, abseihen, noch warm schälen und feinblättrig schneiden, die Zwiebel fein hacken. Inzwischen die Suppe aufkochen, mit den restlichen Zutaten über die Erdäpfel geben und die Zwiebel darüberstreuen. Gut vermischen, noch 10 Min. marinieren und gut abschmecken. Sollte der Salat zu trocken sein, noch etwas Suppe zugeben. Anrichten und mit Rote-Zwiebel-Scheiben und Schnittlauch bestreuen.

**TIPP:** Der perfekte Erdäpfelsalat wird immer frisch gegessen und mit möglichst gelben Erdäpfeln der Sorte Sieglinde oder Ditta zubereitet. Echte Steirer geben noch einen ordentlichen Schuss Kürbiskernöl darüber.

# Pikanter Rübensalat mit Obers-Rettichsprossen-Creme und Kürbiskernpesto

### Zutaten
**2 Rote Rüben**
**2 Weiße Rüben**
**1 kleine rot-weiß gestreifte Bete** (Tonda di Chioggia)
**100 g Schlagobers**
**40 g Rettichsprossen**

### Für die Marinade
**Meersalz**
**2 EL Kren, gerieben und fein gehackt**
**Saft von einer Zitrone**
**40 ml Traubenkernöl**
**Etwas gemahlener Kümmel**
**1 Handvoll Rettichsprossen München**
**Pfeffer aus der Mühle**

### Fink's Kürbiskernpesto
**200 g geröstete Kürbiskerne**
**400 ml Kürbiskernöl**
**Meersalz, Pfeffer aus der Mühle**
**50 g geriebener Parmesan oder Pecorino**
**2 EL frisch gehackte Petersilie**

### So geht's
Für die Marinade alle Zutaten gut miteinander vermischen. Für das Pesto die Kürbiskerne fein hacken oder reiben und mit den restlichen Zutaten zu einem cremigen Pesto verrühren. Sollte es zu fest sein, einfach etwas Kürbiskernöl zugeben.
Die Rüben gut waschen, schälen und in hauchdünne Streifen hobeln oder mit einer Gemüsespaghettimaschine in Ringerl schneiden. Schlagobers steif schlagen, Rettichsprossen fein hacken und mit etwas Meersalz vorsichtig ins Obers unterziehen. Die marinierten Rüben auf Tellern anrichten, mit Obers-Rettichsprossen-Creme und Kürbiskernpesto dekorieren, die gestreiften, feinblättrig geschnittenen Rüben kurz durch die Marinade ziehen, auflegen und mit Rettichsprossen vollenden.

**TIPP:** Dieses Rezept stellen wir immer aus rohen Rüben her, das ist zwar ungewöhnlich, aber sehr effektiv, was die Abwehr von Freien Radikalen durch unseren Organismus betrifft.

# Fenchel-Apfel-Salat mit Mungobohnensprossen

## Zutaten
**2 Äpfel**
**Meersalz**
**1–2 Fenchelknollen**
**Schale und Saft einer Zitrone**
**40 ml Olivenöl nach Geschmack**
**1 EL Blütenhonig**
**1 Handvoll schwarze Mungobohnensprossen**

## So geht's
Zitrone waschen, Zitronenschale von der Zitrone reiben, Zitrone auspressen und den Saft mit den Zitronenzesten und Meersalz sowie Honig in eine Schüssel geben. Äpfel waschen, schälen, hauchdünn in Streifen schneiden und mit dem Zitronensaft vermischen, damit sie nicht braun werden. Fenchel waschen, halbieren, Strunk herausschneiden und ebenfalls in dünne Scheiben hobeln oder schneiden. Alle Zutaten in einer Schüssel gut durchmischen.

**TIPP:** Sie können auch rote oder grüne Mungobohnensprossen oder alle drei Sorten gemischt verwenden. Dieser Salat lässt sich gut mit Joghurt oder Sauerrahm etwas molliger anmachen und passt ideal zu Räucherfisch oder Matjes, aber auch zu Grillgerichten.

# Knusprige Polenta-Sprossenstangerl mit Sprossendip

### Zutaten
**250 g Maisgrieß** (gelbe oder weiße Polenta)
**500 ml Alfalfa-Sprossen-Einweichwasser oder Gemüsefond**
**4 EL Olivenöl**
**30 g Quinoa-Sprossen**
**Meersalz**
**Pflanzenöl**

### Für den Dip
**Mandelmus**
**Kichererbsensprossen**
**Sonnenblumensprossen**
**Sonnenblumenöl**
**Meersalz, Pfeffer**

### So geht's
Maisgrieß in einer Pfanne ohne Fett kurz rösten (linden), mit Sprossen-Einweichwasser aufgießen, Olivenöl und Meersalz zugeben, einkochen lassen, bis die Polenta (Sterz) eine sämige Konsistenz erreicht. Jetzt die Quinoa-Sprossen einrühren und die Masse vom Herd nehmen. Auf ein Backtrennpapier 1–2 cm dick rechteckig aufstreichen und mit Klarsichtfolie bedeckt 2 Stunden im Kühlschrank auskühlen lassen. Nach dem Abkühlen in gleich große Stangerl schneiden, am besten in Maisgrieß tauchen und in etwas Pflanzenöl knusprig anbraten.
Für den Dip Mandelmus, Kichererbsen- und Sonnenblumensprossen mit Öl, Meersalz und Pfeffer im Mixer oder mit einem Stabmixer mixen, bis ein feiner Brei entsteht. Sollte der Dip zu dick sein, mit etwas Sprossen-Einweichwasser verdünnen.

**TIPP:** Will man den Stangerln noch eine besondere Note verleihen, kann man sie mit Fink's Paradeis Pesto mit Chili bestreichen, mit Mozzarella oder Parmesan bestreuen und im Backofen überbacken. Rettich- oder Zwiebelsprossen machen den Dip würzig scharf.

# Sprossen-Cracker-Variation

## Rohköstliche Zwiebelsprossen-Cracker

### Zutaten
**200 g Leinsamen**
**150 g lachsfarbene Linsensprossen**
**400 ml Alfalfa- oder Bockshornklee-Einweichwasser**
**100 g Zwiebelsprossen**
**1 mittelgroße Karotte**
**1 Paprika**
**1 Msp. Macis**
**Meersalz**

### So geht's

Leinsamen im Einweichwasser 10–12 Stunden einweichen. Es entsteht eine geleeartige Masse. Karotte waschen und fein reiben, Paprika waschen, Stielansatz ausschneiden, entkernen und in grobe Würfel schneiden. Alles zusammen in einer Schüssel mit dem Stabmixer zu einer schaumigen Masse pürieren oder im Mixer zu einer schaumigen Masse mixen. Mit Meersalz abschmecken. (Achtung: Beim Trocknen verringert sich der Wassergehalt!) Die Masse auf ein mit Backtrennpapier ausgelegtes Backblech dünn aufstreichen, bei 40 °C im Backrohr oder im Trockner (Dehydrator) trocknen, nach ca. 4–5 Stunden die angetrocknete Masse in 8 x 10 cm große Rechtecke schneiden und so lange weitertrocknen, bis diese richtig knusprig sind.

**TIPP:** Das Backrohr einen kleinen Spalt geöffnet lassen, damit die Feuchtigkeit entweichen kann.

# Rohköstliche Pizza-Knusper-Cracker

## Zutaten
**150 g heller Leinsamen**
**150 g rote Mungosprossen**
**50 g Zwiebelsprossen**
**200 ml Sprossen-Einweichwasser vom Bockshornklee**
**4 reife Paradeiser**
**1 Paprika**
**1 TL frisches gehacktes Basilikum**
**1 Msp. Oregano**
**1 TL Hefeflocken**
**1 Msp. Liebstöckel**
**1 TL Thymian**
**Meersalz**

## So geht's

Leinsamen im Einweichwasser 10–12 Stunden einweichen. Es entsteht eine geleeartige Masse. Paradeiser waschen und würfelig schneiden, Paprika waschen, Stielansatz ausschneiden, entkernen und in grobe Würfel schneiden. Alles zusammen in einer Schüssel mit dem Stabmixer zu einer etwas festeren Masse pürieren oder im Mixer zu einer festeren Masse mixen. Mit Meersalz abschmecken. (Achtung: Beim Trocknen verringert sich der Wassergehalt!) Mit einem Löffel die Masse in kleinen runden Scheiben auf ein mit Backtrennpapier ausgelegtes Backblech dünn (ca. 1–2 mm) aufstreichen, bei 40 °C im Backrohr oder im Trockner (Dehydrator ca. 15 Stunden) trocknen, bis die Pizzaböden knusprig sind. Die Masse kann man auch wie die Zwiebelsprossen-Cracker in eckiger Form aufstreichen.

**TIPP:** Die Pizzaböden kann man mit Paradeiserscheiben, frischen Paprikastücken oder Zucchinischeiben belegen und danach für 3–5 Stunden im Trockner oder Backrohr bei 40 °C wärmen. Zur Abrundung mit Zwiebelsprossen garnieren oder als nicht rohköstliches Gericht mit Schinken und Käse belegen.

# Knusper-Mix-Sprossen-Cracker

### Zutaten
**200 g Leinsamen**
**200 g Knusper-Mix-Sprossen** (oder verschiedene Sprossen von Hülsenfrüchten nach Wahl)
**400 ml Alfalfa-Einweichwasser**
**1 Paprika**
**1 Paradeiser**
**1 TL Oregano**
**Meersalz**

### So geht's
Leinsamen im Einweichwasser 10–12 Stunden einweichen. Es entsteht eine geleeartige Masse. Paradeiser waschen und würfelig schneiden, Paprika waschen, Stielansatz ausschneiden, entkernen und in grobe Würfel schneiden. Alles zusammen in einer Schüssel mit dem Stabmixer zu einer schaumigen Masse pürieren oder im Mixer zu einer schaumigen Masse mixen. Mit Meersalz abschmecken. (Achtung: Beim Trocknen verringert sich der Wassergehalt!) Die Masse auf ein mit Backtrennpapier ausgelegtes Backblech dünn aufstreichen, bei 40 °C im Backrohr oder im Trockner (Dehydrator) trocknen, nach ca. 4–5 Stunden die angetrocknete Masse in 8 x 10 cm große Rechtecke schneiden und so lange weitertrocknen (ca. 18–20 Stunden), bis die Cracker richtig knusprig sind.

**TIPP:** Die Cracker können auf Vorrat hergestellt werden und halten in einem Schraubglas bei trockener Lagerung einige Monate.

# Geräuchertes Forellenfilet auf Sprossensalat

### Zutaten
**4 Räucherforellenfilets à ca. 80–100 g**
**200 g gemischte Sprossen aus Brokkolisprossen, Green-mild-Sprossen und Chinakohlsprossen**
**120 g Alfalfa-Amarant-Mix-Sprossen**

### Für das Dressing
**250 ml Sauerrahm**
**Saft einer halben Zitrone**
**20–30 g rote Rettichsprossen**
**Meersalz, Pfeffer aus der Mühle**

### So geht's
Räucherforellen in ca. 2 cm breite Streifen schneiden, die verschiedenen Sprossen vorsichtig mischen, auf 4 Teller portionieren und die Forellenfiletstreifen gleichmäßig auf dem Sprossensalat platzieren. Zitronensaft zum Sauerrahm geben, salzen und mit Pfeffer abschmecken. Rettichsprossen und Sauerrahm mit Stabmixer mixen und das Dressing über den Sprossensalat träufeln.

**TIPP:** Wenn keine Amarant-Sprossen zur Verfügung stehen, ziehen Sie selbst Rucola- und Alfalfa-Sprossen.

# Gedämpfter Saibling mit Gelbwurz und Sprossen

### Zutaten
**400 g frisch entgrätete Saiblingsfilets** (oder Forellenfilets)
**Meersalz**
**½ TL Kurkumapulver** (Gelbwurz)
**1 Zitrone oder Limette**
**Pfeffer aus der Mühle**
**1 Zweigerl Zitronenthymian**
    oder andere Kräuter nach Wahl
**3 Wacholderbeeren**
**100–150 g frische Sprossen nach Lust und Laune,**
    am besten Knusper-Mix-Sprossen

### So geht's
Einen größeren Topf mit Siebeinsatz oder Bambuskorb vorbereiten. In diesen ca. 2 cm hoch Wasser geben und Kräuterzweigerl, geriebene Zitronenschale sowie leicht angedrückte Wacholderbeeren beigeben. Wasser zugedeckt auf ca. 90 °C erhitzen. Inzwischen die Fischfilets mit Meersalz, Pfeffer und etwas Kurkuma würzen und einreiben. Sprossen gut auf den Filets verteilen und leicht andrücken, in den Dämpfeinsatz geben und zugedeckt ca. 3–5 Minuten je nach Dicke der Filets glasig dämpfen.
Diese Zubereitungsart ist eine der besten Garmethoden und sorgt für unglaublich viele Aromen.

**TIPP:** Die Fischfilets servieren wir sehr gerne mit allen Arten von Gemüsepürees oder Cremen und garnieren sie noch mit frischen Sprossen und ein paar Tropfen Olivenöl sowie Zitronensaft.
Äußerst bekömmlich und g'schmackig, lassen sich viele verschiedene Fischfilets so zubereiten. Natürlich gelingen diese auch in einem Dampfgarer.

# Tatar vom Rinderfilet mit Rettich- und Zwiebelsprossen

### Zutaten
**Ca. 500–600 g Rinderfilet oder Rinderrücken, komplett fett- und sehnenfrei**

### Für die Marinade
**1 Handvoll fein geschnittene Rettichsprossen**
**2 EL fein gehackte Kapernblüten**
**6 EL bestes Olivenöl**
**Meersalz, Pfeffer aus der Mühle**
**Spritzer Tabasco oder Chilipaste**
**2 EL Paprikapaste, ersatzweise Ketchup**
**1 EL Englischer Senf**

**1 Handvoll Zwiebelsprossen zum Garnieren**

### So geht's
Das gut gekühlte frische Fleisch zuerst in Streifen, dann in feine Würferl schneiden und hacken, für die Marinade alle Zutaten gut miteinander verrühren und unter das Tatar mischen. Das Tatar würzig abschmecken, mit Hilfe eines Metallringes auf Tellern anrichten und mit Zwiebelsprossen garnieren. Mit Sprossen-Erdäpfelpuffer (siehe Rezept Seite 132) oder klassisch mit Butter, knusprigem Baguette oder Toastbrot servieren.

**TIPP:** Die Rettichsprossen würzen dieses Tatar optimal, sehr gerne können Sie auch Eidotter, Gurkerl, aber auch eine Zwiebel feinst gehackt zugeben.

# Pizzen, Gebäck und Fingerfood

# Rollmops von der Lachsforelle mit Zwiebelsprossen

### Zutaten
**300–400 g Lachsforelle oder Lachsfilet, roh und grätenfrei**
    (ergibt ca. 12–16 Röllchen)
**50–80 g Zwiebelsprossen**

### Für die Marinade
**30 ml Sojasauce**
**Etwas frisch gehackter Ingwer, ersatzweise etwas
    fein geriebener Apfel und Zitronenschale**
**3 EL Zitronen- oder Olivenöl**

### Für die Dipsauce
**Meersalz**
**Prise Bockshornkleepulver oder Schabzigerklee**
**100 g Sauerrahm**
**300–400 g frisch gekochte Mini-Erdäpfel**

### So geht's
Die Fischfilets mit einem dünnen scharfen Messer dünn aufschneiden und evtl. zwischen Klarsichtfolie leicht klopfen, sodass man 12–16 Röllchen von ca. 3 cm Durchmesser im gefüllten Zustand erhält, und auf einem Blech auflegen. Für die Marinade alle Zutaten gut vermischen und mit einem Pinsel auf die Filets streichen. Kleine Häufchen Zwiebelsprossen daraufsetzen, Filets straff einrollen und mit Zahnstochern oder schönen Bambusstickern fixieren. Sauerrahm und Bockshornkleepulver gut vermischen und salzen. Die noch heißen Erdäpfel auf Tellern anrichten, Sauerrahmsauce und Lachsforellen-Rollen dazugeben und mit Zwiebelsprossen garnieren.

**TIPP:** Ob auf getoastetem Brot oder Knäckebrot, dieses Gericht lässt sich gut vorbereiten. Natürlich können Sie alternativ auch Räucherlachs oder Matjesfilets verwenden.

# Hühnerbrust mit getrockneten Paradeisern und Rettich-Brokkolisprossen-Creme

### Zutaten
**3 Hühnerbrustfilets ohne Haut**
**Meersalz, Pfeffer aus der Mühle**
**9 getrocknete Paradeiser in Olivenöl**

### Für die Brokkolicreme
**1/2 frischer Brokkoli** (ca. 250 g)
**50 g Brokkolisprossen**
**50 g Rettichsprossen oder Sprossen nach Wahl**
**100 g Frischkäse**
**Etwas Tabasco**

### So geht's
Die Hühnerfilets der Länge nach dünn aufschneiden, evtl. zwischen Klarsichtfolie dünn klopfen. Salzen und pfeffern, gut abgetropfte getrocknete Paradeiser auflegen und straff einrollen. Mit Klarsichtfolie zu einer Rolle formen und im Wasserbad oder im Dampfgarer ca. 14 Min. bei 90 °C dämpfen, danach für 12 Stunden kalt stellen.
Inzwischen den Brokkoli zerteilen, die Stiele entfernen und in Salzwasser oder im Dampfgarer weich dämpfen. Gut abgetropft mit Frischkäse, der Hälfte der Rettichsprossen und der Brokkolisprossen feinst mixen und gut würzen. Die Hühnerbrustrollen in 1 cm dicke Scheiben schneiden, mit Bambusspießen fixieren und mit Rettich- und Brokkolisprossen dekorieren. Dazu Brokkolicreme zum Dippen servieren.

**TIPP:** Der Frischkäse lässt sich auch gut durch Räucher- oder veganen Seidentofu ersetzen. Sehr gerne servieren wir Fladenbrot zu diesem Snack oder wickeln alle Zutaten mit knackigem Salat zu einem Wrap.

# Dinkelvollkorn-Sprossenstangerl

## Zutaten
**500 g Dinkelvollkornmehl**
**250 ml Alfalfa-Sprossen-Einweichwasser**
**50 g grob gehackte Knusper-Mix-Sprossen**
**30 g Germ**
**1 EL Honig**
**1 TL Meersalz**
**1 EL Olivenöl**
**30 g Knusper-Mix-Sprossen zum Bestreuen der Stangerl**

## So geht's
Dinkelmehl in eine Schüssel geben und eine kleine Mulde in das Mehl drücken. Sprossen-Einweichwasser auf ca. 30 °C erwärmen, den Honig zugeben und auflösen und in die Vertiefung im Mehl gießen. Hefe zerbröseln, dazugeben und mit etwas Mehl die Wasseroberfläche bestauben. Ca. 5–10 Min. an einem warmen Ort zugedeckt gehen lassen. Olivenöl und Meersalz zugeben und mit Mixer mit Teigknethaken zu einem glatten Teig verarbeiten. Bei Bedarf etwas Sprossenwasser nachgießen.

Teig auf eine bemehlte Unterlage geben und die gehackten Knusper-Mix-Sprossen mit der Hand einarbeiten. Ca. 10 Min. zugedeckt gehen lassen. Anschließend 10–12 Stück gleich schwere Teigstücke zu ca. 15–20 cm langen Stangerln formen und auf ein mit Backtrennpapier ausgelegtes Backblech legen, mit Wasser bestreichen oder mit einer Wasserspritze bespritzen und den gehackten Knusper-Mix-Sprossen bestreuen. Ca. 10 Min. an einem warmen Ort gehen lassen. Im vorgeheizten Backrohr bei 180–200 °C ca. 10 Min. backen.

**TIPP:** Anstatt Honig können Sie auch Ahornsirup oder Agavendicksaft verwenden.

# Sonnenblumensprossen-Brot

## Zutaten
**450 g Weizenmehl Typ 700**
**50 g Sonnenblumenkerne**
**250 ml Bockshornkleesprossen-Einweichwasser**
**100 g junge Sonnenblumensprossen**
**40 g Germ**
**1 EL Honig**
**1–2 TL Meersalz**
**1 EL Sonnenblumen- oder Olivenöl**

## So geht's
Sonnenblumenkerne mit einer Nussmühle fein mahlen, mit dem Weizenmehl in eine Schüssel geben und eine Vertiefung in das Mehl drücken. Sprossen-Einweichwasser auf ca. 30 °C erwärmen, den Honig zugeben und auflösen und in die Vertiefung im Mehl gießen. Die Hefe zerbröseln, dazugeben und mit etwas Mehl die Wasseroberfläche bestauben. Ca. 10–15 Min. an einem warmen Ort zugedeckt gehen lassen. Olivenöl und Meersalz zugeben und mit Mixer oder Rührmaschine mit Teigknethaken zu einem glatten Teig kneten. Bei Bedarf etwas Sprossenwasser nachgießen. Den Teig auf eine bemehlte Unterlage geben und die ganzen Sonnenblumensprossen mit der Hand einarbeiten. Den Teig zu einem Laib formen, schräg mit einem gezahnten Messer 1 cm tief einschneiden und zugedeckt an einem warmen Ort 10–15 Min. gehen lassen. Mit Wasser bestreichen oder mit einer Wasserspritze bespritzen. Im vorgeheizten Backrohr 30–35 Min. bei 180 °C backen.

**TIPP:** Anstatt Honig können Sie auch Ahornsirup, Agavendicksaft oder Zucker verwenden.

# Figaros Sprossen-Kraft-Brot

## Zutaten
**200 g Roggen**
**200 g Dinkel**
**100 g Weizen**
**40 g frischer Germ**
**2 EL Honig**
**325 ml Bockshornkleesprossen-Einweichwasser**
**1 geh. EL Meersalz**
**2 EL Olivenöl**
**1 TL Brotgewürz**
**1 Msp. gem. Koriander**
**150 g Knusper-Mix-Sprossen**
**2 EL junge Bockshornkleesprossen** (3 Tage gezogen)

## So geht's
Roggen, Weizen und Dinkel fein mahlen oder frisch mahlen lassen, in eine Rührschüssel geben und eine Vertiefung in das Mehl drücken. Das Sprossen-Einweichwasser auf ca. 30 °C erwärmen, den Honig zugeben und auflösen und in die Vertiefung im Mehl gießen. Die Hefe zerbröseln, dazugeben und mit etwas Mehl die Wasseroberfläche bestauben. Ca. 5–10 Min. an einem warmen Ort zugedeckt gehen lassen. Olivenöl und Meersalz, Brotgewürz und Koriander zugeben und mit Mixer mit Teigknethaken oder in der Knetmaschine zu einem glatten Teig verarbeiten. Bei Bedarf etwas Sprossenwasser nachgießen. Den Teig auf eine bemehlte Unterlage geben und sowohl die gehackten Knusper-Mix-Sprossen als auch die Bockshornkleesprossen mit der Hand einarbeiten. Eine Kastenform mit Olivenöl einfetten und mit Weizenmehl stauben. Teig in die Kastenform drücken und zugedeckt an einem warmen Ort 15–20 Min. gehen lassen. Im vorgeheizten Backrohr bei 180 °C ca. 30–35 Min. backen.

**TIPP:** Sie können auch 50 g Alfalfa- und Fenchelsprossen vermischen und mit den Knusper-Mix-Sprossen einarbeiten.

# Die Pizza-Variationen

## Figaros Pizzateig-Grundrezept mit Sprossen

### Zutaten
**500 g Weizenmehl**
**20 g Germ**
**2 EL Olivenöl**
**250 g Alfalfa-Sprossen-Einweichwasser**
**50 g Alfalfa-Sprossen**
**1 EL Meersalz**

### So geht's
Das Alfalfa-Sprossen-Einweichwasser auf 30 °C erwärmen, in eine Rührschüssel geben und alle Zutaten bis auf die Alfalfa-Sprossen zu einem glatten Teig verarbeiten. Zum Schluss die Alfalfa-Sprossen mit der Hand gut in die Teigmasse einarbeiten. Den Teig vierteln und die 4 gleich schweren Teile zu Kugeln schleifen. Vor der Verarbeitung zu Pizza 2–3 Stunden mit feuchtem Tuch zugedeckt im Kühlschrank rasten lassen.

## Sprossen-Pizzabrot mit Knoblauch

### Zutaten
**Figaros Pizza-Grundteig mit Sprossen mit 500 g Weizenmehl** (siehe Rezept oben)
**1/16 l Olivenöl**
**6 Knoblauchzehen**
**Meersalz**

### So geht's
Den Pizza-Grundteig wie beschrieben kneten und die große Teigkugel in 8 gleich große Stücke teilen, diese zu kleinen Teigkugeln schleifen und 3 Stunden rasten lassen. Die Teiglinge mit einem Nudelholz zu Fladen mit einem Durchmesser von ca. 10 cm ausrollen, auf ein mit Backtrennpapier ausgelegtes Backblech geben und mit einer Gabel die Fladenoberfläche einstechen. Im vorgeheizten Backofen bei 180–200 °C hell backen. Olivenöl mit geschälten Knoblauchzehen mit Stabmixer mixen und die noch heißen Sprossen-Pizza-Brote bestreichen und mit Meersalz bestreuen.

## Sprossen-Pizzabrot mit Basilikum-Pesto

### Zutaten
**Figaros Pizza-Grundteig mit Sprossen mit 500 g Weizenmehl** (siehe Rezept links)

### Für Fink's Basilikum–Pesto
**200 g Basilikum**
**100 g glatte Petersilie**
**400–500 g bestes Olivenöl**
**Meersalz**
**70 g geröstete Pinienkerne**
**80 g geriebener Parmesan oder Pecorino**
**1 Knoblauchzehe, gehackt** (TK oder frisch)

### Zubereitung Fink's Basilikum–Pesto
Basilikum und Petersilie reinigen, gut abtropfen und grob schneiden. In einem Mixer oder Mörser alle Zutaten gut miteinander emulgieren, gröber oder feiner, je nach Belieben. Pikant abschmecken und in Gläser füllen, am besten lagert man grüne Pestos mit etwas Olivenöl an der Oberfläche abgedeckt im Tiefkühler.

### So geht's
Den Pizza-Grundteig wie beschrieben kneten und die Teigkugel in 8 gleich große Stücke teilen, diese zu kleinen Teigkugeln schleifen und 3 Stunden rasten lassen. Die Teiglinge mit einem Nudelholz zu Fladen mit einem Durchmesser von ca. 10 cm ausrollen, auf ein mit Backtrennpapier ausgelegtes Backblech geben und mit einer Gabel die Fladenoberfläche einstechen. Im vorgeheizten Backofen bei 180–200 °C hell backen. Die noch heißen Sprossen-Pizza-Brote mit Fink's Basilikum-Pesto bestreichen.

**TIPP:** Die Teiglinge kann man auch vorbacken, tiefkühlen und bei Bedarf im Toaster backen und vor dem Servieren mit Pesto oder Knoblauchbutter bestreichen. Auch mit einem Sauerrahm-Kräuter-Dip sind diese Sprossen-Pizza-Fladen eine besondere Zugabe zu Salaten.

*Sprossen-Pizzabrot mit Knoblauch*

## Pizzateig-Grundrezept

### Zutaten
**500 g Weizenmehl Typ 700**
**Ca. 250 ml lauwarmes Wasser**
**20 g Germ**
**2 EL Olivenöl**
**1 TL Zucker**
**1 EL Meersalz**

### So geht's
Alle Zutaten in eine Teigschüssel geben und mit dem Knethaken in der Teigknetmaschine auf langsamer Stufe kneten, bis ein glatter Teig entsteht. Den Teig auf eine mit Mehl bestreute Unterlage stürzen, in 4 gleich große Stücke teilen und zu Kugeln schleifen. Mit einem feuchten Tuch bedeckt 4–6 Stunden im Kühlschrank rasten lassen.

**TIPP:** Der Teig kann nach dem Rasten in Frischhaltefolie gewickelt im Tiefkühlfach einige Wochen aufbewahrt werden. In diesem Fall den Teig einige Stunden vor der Verarbeitung aus dem Tiefkühlfach nehmen.

*Ei im Pizzabrot-Nest*

## Ei im Pizzabrot-Nest

### Zutaten
**Pizza-Grundteig mit 500 g Weizenmehl**
(siehe Rezept links)
**12 Eier**
**1/4 l Schlagobers**
**100 g Zwiebelsprossen**
**4 EL frisch geriebener Parmesan**
**4 EL Olivenöl**
**Meersalz**
**Pfeffer aus der Mühle**
**200 g Alfalfa- und Amarant-Sprossen**

### So geht's
Den Pizzateig vierteln, Kugeln schleifen und 3 Stunden im Kühlschrank zugedeckt rasten lassen. Die Teiglinge auf einer mit Mehl bestaubten Unterlage zu runden Fladen mit einem Durchmesser von ca. 20 cm ausrollen. Die Fladen auf ein mit Backtrennpapier belegtes Backblech legen (nicht einstechen), ca. 10 Min. gehen lassen und im Backrohr bei 250 °C ca. 5–8 Min. backen, bis man goldgelbe Kugeln erhält. Nach dem Backen sofort mit einem scharfen Messer auf der Oberseite der Pizzateigkugel eine ca. 10 cm große Öffnung schneiden und den Deckel aufbewahren.

### Zubereitung des Rühreis
Olivenöl leicht erwärmen, Eier mit Obers, Salz und den gehackten Zwiebelsprossen versprudeln, die Eiermasse in das warme Olivenöl geben und leicht stocken lassen, mit einem Schneebesen oder einer Gabel zu einem sämigen Rührei verrühren. Alfalfa- und Amarant-Sprossen in den 4 Pizzahalbkugeln so platzieren, dass sich in der Mitte eine Mulde bildet, das Rührei in die Sprossenmulde füllen, den Deckel schräg in die Öffnung der Teigkugel stecken und das Rührei mit Pfeffer aus der Mühle würzen. Wenn noch vorhanden, mit Zwiebelsprossen dekorieren.

**TIPP:** Sie können auch Räucherforellenfilets in Würfel schneiden und in die Eimasse mengen und wie oben beschrieben das Rührei zubereiten, anrichten und servieren.

# Sprossenmix-Weckerl

### Zutaten für ca. 12–14 St. à 80 g Rohgewicht
**Figaros Pizza-Grundteig mit Sprossen mit 500 g Weizenmehl** (siehe Rezept Seite 82)
**300 g Müslimix-Sprossen**
**100 g gehackte Müslimix-Sprossen zum Bestreuen**

### So geht's
In den Sprossen-Pizzateig 300 g Müslimix-Sprossen einarbeiten, in 12–14 gleich große Stücke teilen, auf bemehltem Untergrund glatt schleifen und zu ovalen Teiglingen formen. Auf ein mit Backtrennpapier belegtes Backblech legen, mit Wasser bestreichen, mit den übrigen Sprossen bestreuen und an einem warmen Ort zugedeckt 10–15 Min. gehen lassen. Bei 180 °C ca. 10–15 Min. backen.

# Figaros Sprossen-Pizza à la „Pierre-Louis" mit Rohschinken

### Zutaten
**Figaros Pizza-Grundteig mit Sprossen mit 500 g Weizenmehl** (siehe Rezept Seite 82)

### Für die Paradeisersauce
**250 g geschälte und entkernte frische Paradeiser oder Pelati-Paradeiser**
**100 g fein gehackte Zwiebeln**
**3 EL Olivenöl**
**1 Knoblauchzehe**
**1 Msp. Rosmarin**
**1 EL gehackte Petersilie**
**1/2 Bund gehacktes Basilikum**
**Meersalz nach Bedarf**

**Pfeffer aus der Mühle**
**400 g Mozzarella**
**80 g grüne Mungosprossen**
**200 g Power-Mix-Sprossen**
**16 Scheiben dünn geschnittener Vulcano-Rohschinken, 8 Monate gereift**

### Zubereitung der Paradeisersauce
Olivenöl in einer Pfanne erwärmen und die gehackten Zwiebeln hell anlaufen lassen, gehackten Knoblauch zugeben und kurz mitrösten. Die Paradeiser fein würfeln und zu den Zwiebeln geben, salzen, pfeffern, den Rosmarin zugeben und ca. 15 Min. köcheln lassen. Zum Schluss Petersilie und Basilikum einstreuen und vom Herd nehmen. Paradeisersauce abkühlen lassen.

Für die Pizzaböden den Teig vierteln, die Teiglinge auf einem mit Mehl bestäubten Untergrund rund ausrollen oder von Hand ausziehen, bis jede Teigkugel einen Fladendurchmesser von ca. 28 cm hat.
Die Pizzaböden auf ein mit Backtrennpapier belegtes Backblech legen, mit der abgekühlten Paradeisersauce bestreichen, Mozzarellakugeln über die Pizzaböden bröseln, mit Mungosprossen bestreuen und im vorgeheizten Backrohr bei einer Temperatur von 280–300 °C ca. 5–8 Min. nach Geschmack knusprig backen.
Vor dem Servieren mit Power-Mix-Sprossen bestreuen und mit 4 Scheiben Vulcano-Rohschinken belegen.

# Figaros Sprossen-Pizza „Luzern"

## Zutaten

**Figaros Pizza-Grundteig mit Sprossen mit 500 g Weizenmehl** (siehe Rezept Seite 82)
**Paradeisersauce mit 250 g Paradeisern** (siehe Rezept Seite 89)

400 g veganer Käse
80 g schwarze Mungosprossen
2 kl. Paradeiser
250 g würfelig geschnittener Räuchertofu
200 g Alfalfa-Kresse-Mix-Sprossen
Oregano

## So geht's

Für die Pizzaböden den Teig vierteln, die Teiglinge auf einem mit Mehl bestaubten Untergrund rund ausrollen oder von Hand ausziehen, bis jede Teigkugel einen Fladendurchmesser von ca. 28 cm hat.
Die Pizzaböden auf ein mit Backtrennpapier belegtes Backblech legen, mit der Paradeisersauce bestreichen, veganen Käse über die Pizzaböden streuen, mit Mungosprossen und dem Tofu belegen und im vorgeheizten Backrohr bei einer Temperatur von 280–300 °C ca. 5–8 Min. knusprig backen.
Vor dem Servieren mit Alfalfa-Kresse-Mix-Sprossen und Oregano bestreuen.

**TIPP:** Herrlich schmeckt diese Pizza mit frischen reifen Paradeiserscheiben. Anstelle von Alfalfa-Kresse-Mix-Sprossen können Sie die Pizza auch mit frischem Rucola belegen.

Gottfried Lagler: „Vielleicht fragen Sie sich, warum diese Pizza gerade den Namen ‚Luzern' trägt?
Das rührt daher, dass ich mir das Wissen und das Know-how über Sprossen von Pierre-Luis Vermot-Petit-Outhenin während eines Sprossen-Kongresses in Luzern aneignen konnte."

# Pizzaschnecke mediterran mit jungem Gemüse

### Zutaten für 4–6 Personen
**Figaros Pizza-Grundteig mit Sprossen mit 500 g Weizenmehl** (siehe Rezept Seite 82)
**50 g Belugalinsen-Sprossen**

### Für die Fülle
**3 Paprika** (bunt)
**1/2 Melanzani**
**1 grüne Zucchini** (ca. 250 g)
**2 kl. Zwiebeln** (ca. 200 g)
**3 Fleischparadeiser**
**Saft einer halben Zitrone**
**150 g Belugalinsen-Sprossen**
**50 g Petergrün**
**1 kl. Handvoll frische Kräuter wie Rosmarin, Basilikum oder Salbei**
**2 Knoblauchzehen**
**40 ml Olivenöl**
**100 g geriebener veganer Käse oder Kuhmilchkäse**
**Meersalz, Pfeffer aus der Mühle**

### So geht's
Die Linsensprossen mit der Hand in den Pizzateig einarbeiten und 2 Stunden mit einem feuchten Tuch zugedeckt rasten lassen. Die Teigmasse halbieren und zu zwei rechteckigen Teigplatten ausrollen.

Zucchini, Paprika und die Melanzani kleinwürfelig schneiden, die Melanzani mit Zitronensaft und Meersalz mischen. Paradeiser entkernen und in Würfel schneiden. Die Zwiebeln und den Knoblauch fein hacken und mit Olivenöl in einem größeren Topf anschwitzen, Zucchini, Paprika und Melanzani zugeben und ebenfalls gut anschwitzen, Paradeiserwürfel beigeben und einkochen. Die Belugalinsen-Sprossen und die gehackten Kräuter zugeben und mit Salz und Pfeffer aus der Mühle abschmecken. Masse auf einem Blech abkühlen lassen.

Den Pizzateig auf ca. 20 x 43 cm ausrollen und auf ein bemehltes Strudeltuch legen. Die Gemüsefüllung gleichmäßig auf dem ausgerollten Teig verteilen.
Den Teig von der längeren Seite her einrollen und mit einem scharfen Messer in 10–12 gleich dicke Scheiben schneiden. Die Sprossenschnecken auf ein mit Trennpapier ausgelegtes Backblech legen, mit veganem geraspeltem Käse bestreuen und nochmals an einem warmen Ort 25–30 Min. gehen lassen. Im vorgeheizten Backofen bei 180 °C 4 Min. backen, dann weitere 4–5 Min. bei 200 °C knusprig backen.
Die Sprossenschnecken können sowohl warm als auch kalt als Fingerfood oder zum Salat mit Alfalfa-Sprossen genossen werden.

**TIPP:** Die Pizzaschnecken können auch auf Vorrat hergestellt und tiefgekühlt in einer Frischedose aufbewahrt werden.

# Sprossen-Pizzabaguette

### Zutaten
**Figaros Pizza-Grundteig mit Sprossen mit 500 g Weizenmehl** (siehe Rezept Seite 82)
**Paradeisersauce mit 250 g Paradeisern**
   (siehe Rezept Seite 89; noch etwas einkochen lassen, damit die Paradeisersauce nicht zu flüssig ist)
**120 g Vulcano-Speckwürfel** (ersatzweise
   roher Räucherspeck)
**150 g Pizzakäse**
**Oregano**

### So geht's
Den Pizzateig vierteln, ca. 25–30 cm lange Stangen formen und 10 Min. gehen lassen. Die Pizzastangen auf ein mit Backtrennpapier ausgelegtes Backblech legen, wenn notwendig die Stangen etwas in die Länge ziehen. Die Pizzastangen auf der oberen Seite mit einem scharfen Messer der Länge nach ca. 1/2 cm tief einschneiden und den Teig etwas auseinanderdrücken, weitere 10 Min. an einem warmen Ort zugedeckt gehen lassen. In den Spalt der Baguettes die abgekühlte Paradeisersauce einstreichen, die Vulcano-Speckwürfel und den Pizzakäse zum Abschluss darüberstreuen.
Im vorgeheizten Backrohr bei 180 °C 10–15 Min. backen.

**TIPP:** Den Oregano erst nach dem Backen darüberstreuen.

# Knackige Gemüsestangerl mit Avocado-Sprossen-Creme

### Zutaten
**2 vollreife Avocados, am besten die Sorte Hass**
**Meersalz**
**Saft einer Limette oder Zitrone**
**6 EL Olivenöl**
**Etwas Tabasco**
**1 Handvoll Sprossen nach Lust und Geschmack**
   (Rettich-, Brokkoli-, Chinakohl- und
   Green-mild-Sprossen)
**1 Karotte**
**1 gelbe Rübe**
**1 Gartengurke**
**1 Paprika**
**Evtl. Stangensellerie**

### So geht's
Die vollreifen Avocados halbieren, schälen, vom Kern trennen und das Fruchtfleisch in Würferl schneiden. Mit Olivenöl, Limettensaft und Tabasco würzen und mit einem Stabmixer oder im Mixer fein pürieren und pikant herzhaft abschmecken. Mit fein gehackten Sprossen vermischen.
Das Gemüse schälen und in ca. 5 mm dicke und 10 cm lange Stangerl schneiden, kurz in kaltes Wasser tauchen, so schaut das Gemüse besonders appetitlich aus.
Gut abtropfen lassen, in geeignete Gläschen füllen und mit Sprossen und der Avocado-Creme zum Dippen anrichten.

**TIPP:** Damit Avocado-Creme – in Mexiko „Guacamole" genannt – nicht so schnell braun wird, sollte sie immer licht- und luftgeschützt gelagert werden. Sie lässt sich universell mit Fisch- und Grillgerichten kombinieren, aber auch direkt als Brotaufstrich und mit Sprossen bestreut genießen.
Die Avocado-Creme servieren wir gerne mit Paradeiserwürfeln oder getrockneten Paradeisern, so schmeckt sie wieder ganz anders.

# Sprossenbrötchen schnell gemacht

### Zutaten
**Glutenfreies Brot oder Brot nach Ihrem Geschmack**
  (siehe auch Rezepte Seite 79 und 80)

### Für die Gemüsebutter
**250 g Butter- oder Pflanzenmargarine**
**2 Champignons**
**1/3 einer geschälten Karotte**
**2 EL fein gehackte Sprossen nach Geschmack
  oder frische Kräuter**
**2 EL Erbsensprossen**
**Meersalz, etwas Tabasco**

### So geht's
Erbsensprossen, Champignons und Karotte fein hacken, kurz in 1 EL Butter anschwitzen, die restliche kalte Butter zugeben, würzen und schaumig rühren. Fein gehackte Sprossen
untermischen.

### Für den Sesam-Bockshornklee-sprossen-Aufstrich
**150 g Sesam**
**150 g Sesam- oder Olivenöl**
**Meersalz**
**2 Zwiebeln**
**40 g Bockshornklee- oder Linsensprossen**
**Prise Curry**
**1/2 Banane**

### So geht's
Die Sesamkörner trocken in einer Pfanne nicht zu dunkel rösten, Öl zugeben und Zwiebeln fein gehackt darin leicht anschwitzen. Curry und Meersalz untermischen, erkalten lassen und im Mixer mit der halben Banane fein pürieren. Evtl. mit Tabasco nachwürzen.

**TIPP:** Beide Brotaufstriche lassen sich wunderbar mit frischen Sprossen variieren. Genauso passt hier auch der Linsen-Avocado-Aufstrich (siehe Rezept Seite 102).

# Suppen, Drinks und Zwischengerichte

# Linsen-Avocado-Aufstrich

### Zutaten für 2 Personen
1 Avocado
2 EL Mandelmus (Rohkostqualität)
100 g Belugalinsen-Sprossen
50 g Brokkolisprossen
1 TL Hefeflocken
Meersalz, Pfeffer aus der Mühle

### So geht's
Avocado halbieren, auseinanderklappen, den Kern herausnehmen und das Fruchtfleisch mit einem Löffel aus der Schale schaben. Alle Zutaten mit einem Stabmixer oder in einem starken Mixer roh pürieren. Mit Salz und Pfeffer aus der Mühle abschmecken.

**TIPP:** Dieser Aufstrich ist rohköstlich, durch die Kombination von Avocado und Mandeln sind darin sehr viele ätherische Öle enthalten.

# Kichererbsensprossen-Creme „Hummus"

### Zutaten
500 g Kichererbsensprossen
150 g lachsfarbene Linsensprossen
50 g Alfalfa-Sprossen
2 EL Mandelmus
1 EL Kokosmus
2 EL Hefeflocken
4 EL Olivenöl
Meersalz, Pfeffer aus der Mühle

### So geht's
Alle Zutaten mit einem Stabmixer oder im Mixer pürieren, mit Salz und Pfeffer aus der Mühle abschmecken. Diese Creme schmeckt besonders gut zu Fischgerichten sowie pur aufs Brot, aber auch zu Gegrilltem aller Art.

**TIPP:** Mit etwas Zitronensaft können Sie den Geschmack des Hummus abrunden. Dieser Aufstrich ist durch und durch rohköstlich zubereitet und kann natürlich auch durch Zugabe von etwas Zitronensaft sowie Chili oder Limonenöl noch aufgewertet werden.

# Alfalfa-Sprossen-Suppe

## Zutaten
**1 sehr reife Avocado**
**1 Tomate**
**100 g Alfalfa-Sprossen**
**40 g Rucola**
**2 Knoblauchzehen und ein Basilikumzweig**
**Meersalz wenn gewünscht**
**Ca. 3/4 l warmes Wasser**

## So geht's
Alles in einem starken Mixer pürieren, im Mixer oder in einem Topf auf 40 °C erwärmen. In vorgewärmter Suppenschale anrichten, mit Alfalfa-Sprossen dekorieren.

**TIPP:** Diese Suppe hat es wirklich in sich, da bei einer leichten Erwärmung auf 40 °C alle Inhaltsstoffe zur Gänze erhalten bleiben und ihre volle Wirkung entfalten können. Zur Abrundung können Sie diese Suppe z. B. mit Sprossen-Rohkost-Crackern servieren.

# Klare Gemüsesuppe oder Rindssuppe mit dreierlei Einlagen

## Klare Gemüsesuppe

### Zutaten für ca. 6 Personen
2 l Wasser
1/2 Staudensellerie
200 g Knollensellerie
3 Paradeiser
1 Petersilienwurzel
1 geschälte Zwiebel
200 g Lauchabschnitte
Kräuterstiele von Petersilie und Kerbel
1 Lorbeerblatt
10 weiße Pfefferkörner
Meersalz
Champignon- oder Pilzabschnitte
Evtl. 1 glutamatfreier Suppenwürfel (vegan)

### So geht's
Alle Zutaten zusammen ca. 1/2 Stunde langsam köcheln. Danach durch ein feines Sieb gießen, mit Meersalz und evtl. etwas Sojasauce oder Misopaste gut abschmecken.

**TIPP:** Für diese Gemüsesuppe verwenden wir keine Karotten, da diese für den gewünschten Geschmack zu süß sind.
Zum Aufwärmen in der kalten Jahreszeit kann man diese Suppe auch zwischendurch mit ein paar frischen Brokkolisprossen, ein paar Tropfen Leindotteröl und einem Eidotter sowie Pfeffer aus der Mühle genießen.

## Kräftige Rindssuppe

### Zutaten für ca. 6 Personen
500 g Rindfleisch
500 g Rindsknochen nach Belieben
1 Bund Suppengrün (1 Karotte, St. Sellerie, 1 gelbe Rübe, St. Lauch)
1/2 Zwiebel
Wasser
Meersalz
10 Pfefferkörner
2 Lorbeerblätter
Evtl. 1 glutamatfreier Suppenwürfel
Frischer Schnittlauch, feinst geschnitten

### So geht's
Rindfleisch und Knochen waschen, trocken tupfen und in 4 Liter kochendes Wasser einlegen. Zwiebel in einer Pfanne an der Schnittfläche ohne Fett braun braten. Suppengrün und vorgebräunte Zwiebel zum Rindfleisch hinzufügen. Suppe leicht köcheln und des Öfteren aufsteigenden Schaum abschöpfen, nach ca. 1 Stunde Pfefferkörner und Lorbeerblätter zugeben und noch weitere 1 – 1 1/2 Stunden köcheln lassen.
Wenn das Rindfleisch gar ist, herausnehmen und die Suppe abseihen. Anschließend mit Meersalz abschmecken. Mit fein gehacktem Schnittlauch bestreuen und als klare Suppe sowie das Rindfleisch kalt oder heiß mit den klassischen Beilagen anrichten.

**TIPP:** Eine ganz besondere Note bekommen diese klaren Suppen durch die Beigabe von Liebstöckel.

## Sprossenschöberl-Suppe

### Zutaten
**100 g Knusper-Mix-Sprossen**
**2 Eier**
**100 g Weizenmehl oder Vollkornmehl**
**0,1 l Milch**
**Meersalz**
**Olivenöl zum Backen**
**Klare Gemüse- oder Rindssuppe**
  (siehe Rezepte Seite 106)

### So geht's
Eiweiß vom Eigelb trennen, Eiweiß steif schlagen, Milch, Eigelb, Mehl und Meersalz verrühren und den Eischnee vorsichtig mit den Knusper-Mix-Sprossen unterheben.
In einer Pfanne Olivenöl erwärmen und die Schöberlmasse eingießen, bei niedriger Temperatur auf beiden Seiten 10–15 Min. backen. Auskühlen lassen und in Trapeze schneiden und mit heißer klarer Suppe servieren.

**TIPP:** Die Sprossenschöberl-Masse kann man auch auf ein mit Trennpapier ausgelegtes Backblech streichen und im vorgeheizten Backrohr bei 220 °C Ober- und Unterhitze 10 Min. backen.

## Sprossenfrittaten-Suppe

### Zutaten für ca. 6 Personen
**1/4 l Milch**
**2 Eier**
**150 g Weizenmehl oder Vollkornmehl**
**50 g Butter**
**50 g Alfalfa-Sprossen**
**Meersalz**
**Butter oder Öl zum Ausbacken**
**Klare Gemüse- oder Rindssuppe**
  (siehe Rezepte Seite 106)

### So geht's
Milch, Eier, Mehl und Alfalfa-Sprossen mit Stabmixer mixen, Butter zerlassen und in die Teigmasse einrühren und würzen. In einer Pfanne mit etwas Fett (Butter oder Öl) dünne Palatschinken (Pfannkuchen) ausbacken, abkühlen lassen und die Palatschinken feinnudelig schneiden.
Die Frittaten in Teller verteilen und mit Gemüse- oder Rindssuppe übergießen.

## Sprossen-Grundmasse für Pofesen und Palatschinken, als Pastafülle oder zum Füllen von Gemüse

### Zutaten
**100 g grüne Linsensprossen**
**100 g Belugalinsen-Sprossen**
**100 g schwarze Mungosprossen**
**100 g Kichererbsensprossen**
**0,1 l Alfalfa-Sprossen-Einweichwasser**
**150 g Zwiebel oder Junglauch**
**250 g geräucherter Tofu**
**Meersalz**

### So geht's
Alle Zutaten im Mixer pürieren oder mit einem Stabmixer zu einer homogenen Masse stampfen.

**TIPP:** Frische Kräuter oder 2 EL Hefeflocken, aber auch Misopaste verleihen der Grundmasse einen würzigeren Geschmack.

## Sprossenpofesen-Suppe

### Zutaten für 4–6 Personen
**200 g Sprossen-Grundmasse**
    (siehe Rezept links)
**2 EL Buchweizenmehl**
**4 Knoblauchzehen**
**1 EL Majoran**
**1 TL Thymian**
**1 EL gehackte Petersilie**
**Meersalz, Pfeffer aus der Mühle**

### Für die Panade
**100 g Weizenmehl**
**2 Eier**

**4–6 Vollkorn-Toastscheiben**
**Olivenöl zum Backen**
**Klare Gemüse- oder Rindssuppe**
    (siehe Rezepte Seite 106)

### So geht's
Knoblauch in dünne Scheiben schneiden, mit etwas Öl oder Butter hell anlaufen lassen und mit den restlichen Zutaten in die Sprossen-Grundmasse einarbeiten. Die Masse auf das Toastbrot streichen, mit Weizenmehl bestauben, Eier versprudeln und die bestrichenen Toastscheiben darin wenden. Im Öl schwimmend goldgelb backen.
Die Toastscheiben herausnehmen, auf einer Küchenrolle abtropfen lassen und in Trapeze schneiden. In tiefem Teller anrichten und mit klarer Gemüse- oder Fleischsuppe auffüllen.

**TIPP:** Die Pofesen können nach dem Backen in 2 cm breite Streifen geschnitten werden und zu Salaten warm oder kalt serviert werden. Sie eignen sich auch als Snacks für zwischendurch.

# Topinamburschaumsuppe mit Chinakohlsprossen und Shiitakepilzen

### Zutaten
**300 g roher Topinambur, geschält oder ungeschält und würfelig geschnitten**
**2 EL Oliven- oder Erdnussöl**
**100 g Zwiebeln, fein gehackt**
**100 ml trockener Weißwein**
**1 Lorbeerblatt**
**1 1/2 l Hühner- oder Gemüsefond oder Wasser mit glutamatfreiem Suppenwürfel**
**Geriebene Muskatnuss**
**125 g Crème fraîche oder 200 ml Kokosmilch**
**Etwas Tabasco oder weißer Pfeffer, Meersalz**
**12 Shiitakepilze oder Pilze nach Geschmack**
**1 Handvoll Chinakohlsprossen**

### So geht's
Die fein gehackten Zwiebeln in Olivenöl anschwitzen. Topinamburwürfel zugeben und mit anschwitzen. Mit Weißwein ablöschen, einkochen, mit Fond auffüllen und mit Lorbeerblatt, Meersalz, Pfeffer, Muskatnuss sowie Tabasco würzen. Etwa 10–15 Min. weich kochen und anschließend mit dem Stabmixer mixen. Crème fraîche einrühren und die Suppe damit binden, aber nicht mehr kochen. Nochmals schaumig mixen (die Suppe kann durch Zugabe von Wasser oder durch Einreduzieren auf die gewünschte Konsistenz gebracht werden).
Die Shiitakepilze feinblättrig schneiden, in Oliven- oder Erdnussöl scharf anrösten und in die Suppe geben. Chinakohlsprossen darüberstreuen und evtl. noch knuspriges Brot nach Wunsch zugeben.

**TIPP:** Auf der Basis dieses Rezeptes bereiten wir auch Erdäpfel-, Karotten- und Selleriesuppe, aber auch Kürbissuppe zu. Je nach Art des Gemüses kann man mehr oder weniger Fond bzw. Wasser verwenden. Sollte die Suppe einmal zu dünn sein, so kann man sie mit in Wasser angerührter Maisstärke oder gekochtem Reis, den man kurz vor dem Anrichten einmixt, binden.

# Alfalfa-Sprossen-Smoothie

## Zutaten für 2–3 Gläser
**50 g Alfalfa-Sprossen**
**1 reife Banane**
**1 kl. Apfel**
**1 EL Mandelmus**
**1 Glas frisch gepresster Orangensaft**

## So geht's
Apfel in Spalten schneiden, Kerngehäuse entfernen und 2 dünne Spalten für die Garnitur übrig lassen. Banane schälen und in Scheiben schneiden und alle Zutaten in einen leistungsstarken Mixer geben und gut durchmixen. In Gläser füllen und mit Apfelspalte servieren.

**TIPP:** Ein Spritzer Zitronen- oder Limettensaft sowie evtl. Joghurt, aber auch Topfen machen diesen Smoothie raffinierter. Sollte der Smoothie zu dick sein, so geben Sie einfach frisch gepressten Orangensaft oder Wasser dazu.

# Quinoa-Sprossen-Smoothie

## Zutaten für 2–3 Gläser
**4 EL Quinoa-Sprossen**
**1 Orange**
**1 Banane**
**2 EL Kokosmus**
**1 EL Ahorn- oder Agavensirup**

## So geht's
Orange und Banane schälen, in Stücke schneiden und mit den anderen Zutaten im Mixer gut durchmixen, bei Bedarf etwas Wasser oder Orangensaft zugeben.

**TIPP:** Zum Süßen können Sie auch Honig verwenden, der Smoothie ist dann aber nicht mehr vegan.

# Sonnenblumensprossen-Smoothie

### Zutaten für 2–3 Gläser
30 g grüne Sonnenblumensprossen,
   7 Tage gezogen, mit Schale
Einige Sonnenblumensprossen als Deko
30 g Sonnenblumensprossen, jung geschält
1 reife Avocado
1/2 Zitrone
1/2 grüner Paprika
200 ml Joghurt
2–4 Eiswürfel und ein Glas Wasser
Etwas Meersalz

### So geht's
Zitrone waschen, Schale abreiben und das Fruchtfleisch in Stücke schneiden, Avocado halbieren, auseinanderklappen und den Kern herausnehmen. Das Fruchtfleisch mit einem Löffel aus der Schale schaben. Paprika entkernen und den Stielansatz entfernen, alle Zutaten im Mixer fein pürieren. Mit Paprika oder Zitronenscheibe garnieren.

**TIPP:** Das Joghurt kann jederzeit durch Soja- oder Kokosmilch ersetzt werden.

# Quitten-Alfalfa-Sprossen-Drink

### Zutaten für 2–3 Gläser
**4 EL Fink´s Quitten Gelee**
**0,5 l Buttermilch**
**1 kl. reife Banane**
**30 g Alfalfa-Sprossen**
**30 g lachsfarbene Linsensprossen**
**2 Eiswürfel**
**Saft einer Zitrone**

### So geht's
Banane schälen, in Stücke schneiden und mit allen anderen Zutaten im Mixer gut durchmixen und evtl. mit Linsensprossen garnieren.

**TIPP:** Damit dieser Drink schön cremig wird, ist es wichtig, die Zutaten gut gekühlt zu verarbeiten.

# Pikante Hühnersuppe mit Nudeln und vielen Sprossen

### Zutaten für 6 Personen
**1 frisches Suppenhuhn (1 – 1 1/2 kg)**
**3 l kaltes Wasser**
**Suppengrün** (1 kl. Karotte, das Weiße von 1 Stange Lauch, 1 Stange vom Staudensellerie und ein paar Petersilienstängel)
**1 kl. Lorbeerblatt**
**1 kl. Thymianzweig**
**1 Nelke**
**10 weiße Pfefferkörner, Meersalz**
**6 cl Sojasauce**
**Etwas Tabasco oder frischer Chili**

### Für die Einlage
**100 g Karotten**
**100 g Kohlrabi**
**Nach Belieben 40 g junge Erbsenschoten in Streifen, abgezupfte Kerbelblättchen und etwas Schnittlauch**
**100 g Mungo-, Linsen- und Brokkolisprossen gemischt**
**200 g gekochte Suppennudeln**

### So geht's
Das Suppenhuhn in passendem Topf mit kaltem Wasser aufstellen. Langsam zum Kochen bringen, dabei ständig abschäumen. Dann auf kleinem Feuer nur noch ziehen lassen. Nach 1 1/2 Stunden das Suppengrün und die Gewürze außer den Pfefferkörnern zugeben. Nochmals eine Stunde ziehen lassen. 10 Minuten vor dem Ende der Garzeit die Pfefferkörner und etwas Meersalz beigeben. Suppe durch ein feines Sieb langsam abseihen.
Mit Chili und Sojasauce abschmecken. Karotten und Kohlrabi in etwas Hühnersuppe weich kochen.
Das Huhn aus der Suppe nehmen und auslösen. Die Haut entfernen. Das Brustfleisch in dünne Scheiben schneiden. Die Keulen ebenfalls in Scheiben schneiden.

Zum Anrichten das Hühnerfleisch leicht anwärmen, gemischte Sprossen, Gemüse, Erbsenschoten in feinen Streifen sowie Suppennudeln in tiefe Teller geben. Die Suppe pikant abschmecken und darübergießen. Mit gezupftem Kerbel und evtl. Schnittlauch garnieren und rasch servieren.

TIPP: Nehmen Sie für die Suppe kein ausgewachsenes Legehuhn, sondern lieber ein Masthähnchen – das Fleisch bleibt zarter. Achten Sie auf erstklassiges Gemüse, das dem Huhn eine gute und ausgeprägte Würze entgegensetzen kann!

# Zanderfilet mit grüner Sprossen-Gazpacho

### Zutaten für die Gazpacho
**150 g grob gewürfelte Salatgurke**
**50 g Sprossen nach Lust und Laune**
(Green-mild- und Brokkolisprossen)
**2 grob gehackte Frühlingszwiebeln**
(nur die weißen und hellgrünen Teile)
**3 EL grob gehacktes Koriandergrün**
**1 Stück grüne Paprikaschote** (etwa 80 g), grob zerkleinert
**60 g QimiQ flüssig oder Sauerrahm**
**1 kleine Knoblauchzehe, geschält und fein gehackt**
**2 EL weißer Balsamicoessig**
**Spritzer Tabasco**
**4 EL Olivenöl**
**50 g Grünsprossen zum Garnieren**

### Für den Zander
**Schuss Olivenöl**
**Meersalz**
**Frisch gemahlener schwarzer Pfeffer**
**8 entgrätete Zanderfilets** (je 50–70 g, in etwa 2 cm dick)
**4 Scheiben Ciabatta** (je 1 – 1 1/2 cm dick)
**250 g halbierte Cocktailparadeiser**
**1 reife Avocado**

### So geht's
Für die Gazpacho Gurke, Sprossen, QimiQ flüssig, Zwiebeln, Olivenöl, Koriander, Paprika und Knoblauch mit Essig sowie Tabasco im Mixer pürieren. Die Mischung in eine Schüssel geben und mit Meersalz und Pfeffer und nach Belieben noch mit Balsamicoessig und Tabasco pikant würzen. Zudecken und kalt stellen.
Die Fischfilets und die Brotscheiben auf eine große Platte oder ein Backblech legen und auf beiden Seiten mit Olivenöl bestreichen. Die Fleischseiten der Filets mit Salz und Pfeffer bestreuen.
Die Fischfilets in einer Pfanne oder direkt am Grill zubereiten. Dafür den Grillrost mit der Bürste säubern. Die Filets mit der Fleischseite nach unten bei geschlossenem Deckel über direkter starker Hitze 6–8 Min. grillen, die Filets sollten noch saftig sein, dabei ein- bis zweimal umdrehen. Während der letzten 30–60 Sek. der Grillzeit die Brotscheiben über direkter Hitze unter Wenden rösten. Filets und Brot vom Grill nehmen. Das Brot in 1 – 1 1/2 cm große Würfel schneiden. Die Gazpacho auf vier Schalen oder tiefe Teller verteilen. Je zwei Fischfilets darauflegen und zu gleichen Teilen Tomatenhälften, Avocado- und Brotwürfel hinzufügen. Alles mit etwas Olivenöl beträufeln und mit Sprossen vollenden und sofort servieren.

**TIPP:** Die Zanderfilets können auch durch Forellen-, Lachs- oder Saiblingsfilets ersetzt werden.
An heißen Sommertagen ist dieses Gericht eine willkommene Abkühlung und Erfrischung zugleich.

# Die „wilden" Sprossen-Laibchen

### Zutaten
**300 g Belugalinsen-Sprossen**
**300 g schwarze Mungosprossen**
**200 g Räuchertofu**
**4–6 EL Buchweizenmehl**
**3 EL Hefeflocken**
**200 g Preiselbeeren**
**Meersalz, Pfeffer aus der Mühle**
**Olivenöl zum Braten**

### Für die Reduktion
**3 frische Thymianzweige**
**3 frische Majoranzweige**
**150 g Zwiebeln**
**2 Knoblauchzehen**
**1/4 l Rotwein**
**Saft und Zesten von einer Orange**
**1 TL zerdrückte Wacholderbeeren**
**1 TL Pfefferkörner**
**2 Lorbeerblätter**
**2 EL Neugewürz** (Piment)

### So geht's
Eine Reduktion aus gehackten Zwiebeln, Knoblauch, Orangenzesten (abgeriebenen Orangenschalen), Orangensaft, Rotwein, Wacholderbeeren, Pfefferkörnern, Majoran, Thymian, Lorbeerblättern und Neugewürz so lange kochen lassen, bis die Hälfte der Flüssigkeit verdampft ist, danach durch ein feines Sieb passieren.
Belugalinsen- und schwarze Mungosprossen fein hacken, mit Räuchertofu, Buchweizenmehl und Hefeflocken in einem Mixer fein pürieren, Preiselbeeren zugeben und mit Salz und Pfeffer abschmecken. 12 gleich große Laibchen formen und in Olivenöl braten.

**TIPP:** Roh geriebenes Rotkraut, mit Salz, Pfeffer, Zitronensaft und Olivenöl mariniert, passt ideal zu diesen Laibchen. Aber auch Erdäpfelpüree, Vogerlsalat oder Endiviensalat harmonieren wunderbar.

# Sprossen-Topfennockerl
## (Suppeneinlage)

### Zutaten
**200 g fein passierter Topfen** (10 %)
**2 Eigelb**
**2 Eiweiß**
**80 g Hartweizengrieß**
**40 g zerlassene Butter**
**40 g Rotkohlsprossen**
**40 g Brokkolisprossen**
**Meersalz, Pfeffer aus der Mühle**

### So geht's
Topfen, Eigelb, flüssige Butter mit Pfeffer aus der Mühle gut verrühren, danach Eiweiß mit einer Prise Meersalz halbsteif schlagen. Topfen-Eier-Masse abwechselnd mit Hartweizenmehl und geschlagenem Eiweiß vorsichtig vermischen. Diese Masse in zwei Hälften teilen. Eine Hälfte mit fein gehackten Brokkolisprossen, die andere mit fein gehackten Rotkohlsprossen vermengen. 15 Min. zugedeckt im Kühlschrank rasten lassen. Mit einem Suppenlöffel aus der Masse kleine Nockerl formen und in Salzwasser kochen, das Kochwasser soll nur leicht köcheln. Die Nockerl ca. 10 Min. im Wasser ziehen lassen.

**TIPP:** In die Nockerlmasse können Sie auch Alfalfa-, Zwiebel- oder Rettichsprossen einarbeiten. Diese Sprossennockerl können Sie als Einlage sowohl für klare als auch für gebundene Suppen *(wie auf dem Foto links mit einer Kürbiscremesuppe)* verwenden.

# Erdäpfel-Buchweizen-sprossen-Kugeln mit Herbstgemüse-Ragout

## Zutaten
**800 g mehlige Erdäpfel** (z. B. Agria)
**Kümmel, Lorbeerblätter**
**80 g frisch gemahlenes Dinkelmehl**
**2 Eier**
**Meersalz, Muskatnuss**
**Pfeffer aus der Mühle**
**100 g Buchweizensprossen**

## Für das Ragout
**100 g Lauch**
**100 g Stangensellerie**
**100 g Karotten**
**100 g Zucchini**
**1/2 l Schlagobers**
**3–4 gehackte Liebstöckelblätter**
**1 EL gehackte Petersilie**
**2 EL Butter oder Olivenöl**

**Zwiebelsprossen zum Dekorieren**

## So geht's
Die gewaschenen Erdäpfel in Salzwasser mit etwas Kümmel und Lorbeerblättern kochen. Abgießen, vor dem Schälen ausdampfen lassen und noch heiß durch die Erdäpfelpresse drücken.
Zwei Drittel des Mehls, Eier, Meersalz und Muskatnuss dazugeben und zu einem glatten Teig verkneten, bei Bedarf Mehl zugeben. Die Buchweizensprossen vorsichtig in die Erdäpfelmasse einarbeiten.
Mit angefeuchteten Händen gleichmäßige Knödel formen, ca. 20 Min. in leicht wallendem Salzwasser ziehen lassen. Mit Knödelschöpfer oder Schaumkelle herausheben.
Für das Ragout das Gemüse waschen, abtropfen lassen und in dünne Streifen schneiden, in Butter oder Olivenöl anlaufen lassen. Das Schlagobers dazugeben und auf die Hälfte einkochen, mit den Gewürzen abschmecken.
Das Ragout in tiefen Tellern anrichten und die Erdäpfel-Sprossen-Kugeln darauf platzieren. Mit Zwiebelsprossen dekorieren.

**TIPP:** Für das Ragout können Sie jedes Gemüse, das Sie im Kühlschrank übrig haben, verwenden.

# Vegetarisch durch und durch

# Sprossen-Erdäpfelpuffer mit Vogerlsalat

## Zutaten
40 g Belugalinsen-Sprossen
40 g schwarze Mungosprossen
4–6 EL Buchweizenmehl
500 g große mehlige Erdäpfel
1 EL Maisstärke
Meersalz, schwarzer Pfeffer aus der Mühle
1 Prise geriebene Muskatnuss
Pflanzenöl
200 g Vogerlsalat
40 ml Kürbiskernöl
20 ml Apfelessig
1/2 Knoblauchzehe
250 g Sauerrahm, leicht verrührt (1 Becher)
100 g Mungobohnen- und Linsensprossen

## So geht's
Die Erdäpfel schälen, am besten von der länglichen Seite mit einem Juliennehobel feine Streifen hobeln. Leicht salzen und gut durchkneten. Das ausgedrückte Wasser abgießen. Maisstärke, Muskatnuss, Pfeffer und fein gehackte Sprossen zugeben und würzen. In nicht zu viel heißem Pflanzenöl in einer gusseisernen Pfanne flach andrücken und auf beiden Seiten goldbraun braten. Auf Küchenpapier gut abtropfen lassen und warm stellen.
Vogerlsalat mit zerdrücktem Knoblauch, Kürbiskernöl und Apfelessig sowie Meersalz abmischen und gut abschmecken. Auf Tellern anrichten, die Puffer aufstellen und mit Sauerrahm und frischen Sprossen garnieren.

**TIPP:** Die Puffer nicht zu dunkel backen, da sie leicht bitter werden können.

# Sprossen-Erbsenbällchen mit Frühlingssalat

## Zutaten
**500 g Erbsensprossen**
**50 g Zwiebel**
**2 geschälte Knoblauchzehen**
**1 kl. Bund Petersilie**
**4 EL Buchweizenmehl**
**2 EL Hefeflocken**
**Meersalz, Pfeffer aus der Mühle**
**Olivenöl zum Ausbacken**

## So geht's
Erbsensprossen ca. 5 Min. in Salzwasser kochen, abseihen und abtropfen lassen. Die geschälte Zwiebel in feine Würfel schneiden, die Petersilie hacken. Erbsen mit Zwiebel, Knoblauch und Petersilie fein pürieren. Buchweizenmehl und Hefeflocken in die Erbsenmasse geben, mit Meersalz und Pfeffer würzen und zu einer weichen Masse verarbeiten. In einem Topf Olivenöl oder Bratfett erhitzen. 24 gleich große Bällchen formen und im heißen Fett portionsweise ca. 3 Min. frittieren. Die Bällchen nach dem Backen auf einem Küchentuch abtropfen lassen und bis zum Servieren im Backofen warm stellen.

**SERVIERVORSCHLAG:** auf frischen, mit Apfelessig und Kernöl angemachten Blattsalaten mit Power-Mix-Sprossen oder in einer Gemüsesoße als Einlage oder als Beilage zu einem Gemüseragout anrichten.

# Erdäpfel-Linsenlaibchen mit Linsensprossen

## Zutaten
**400 g mehlige Erdäpfel**
**Meersalz**
**1 EL Kümmel**
**2 Lorbeerblätter**
**100 g lachsfarbene Linsensprossen**
**80 g feines Dinkelvollkornmehl**
**80 g Topfen**
**2 Eier**
**Pfeffer aus der Mühle**
**1 Msp. Muskatnuss**
**200 g geriebener Gouda**
**2 EL gehackte frische Kräuter** (Petersilie, Estragon, Kerbel, Majoran und Thymian)
**Olivenöl zum Backen**

## So geht's
Erdäpfel waschen, mit Wasser, Kümmel und den Lorbeerblättern zugedeckt weich kochen (ca. 20–30 Min., je nach Größe der Erdäpfel). Anschließend die Erdäpfel abseihen, schälen und durch die Erdäpfelpresse drücken.
Das Vollkornmehl, Topfen, Eier und die Linsensprossen zu den gepressten Erdäpfeln geben und gut vermischen.
Mit Meersalz, Pfeffer und Muskatnuss je nach Geschmack würzen und zum Schluss die gehackten Kräuter und den geriebenen Käse in die Erdäpfelmasse unterrühren.
Aus dem Teig zuerst kleine Kugeln formen, anschließend leicht flach drücken und in Olivenöl auf beiden Seiten goldgelb backen.

**TIPP:** auf frischen Blattsalaten oder mit Sauerrahmdip, Avocadodip oder Gemüse-Paradeiser-Sprossensugo servieren.

# Mungosprossen-Spätzle

### Zutaten
**250 g Weizenmehl**
**2 Eier**
**100 g schwarze Mungosprossen**
**8 EL Alfalfa-Einweichwasser**
**Meersalz**
**1 EL Olivenöl**
**2 EL Butter**

### So geht's
Eier, Mungosprossen und Alfalfa-Einweichwasser mit Mixstab mixen und mit dem Mehl, dem Meersalz und dem Olivenöl zu einem glatten Teig verarbeiten. Den Teig ca. 10 Min. rasten lassen, durch einen Spätzlehobel in kochendes Salzwasser pressen, Spätzle aufwallen lassen, aus dem Kochwasser schöpfen und in kaltem Wasser abkühlen. Die Spätzle gut abtropfen lassen.
Butter in einer Pfanne zerlassen und die Spätzle darin schwenken. Mit Salz abschmecken, evtl. Farbe annehmen lassen. Auf vorgewärmten Tellern servieren.

**TIPP:** Diese Spätzle ergeben eine hervorragende Beilage zu verschiedenen Fleischgerichten, sind aber auch die beste Grundlage für Käsespätzle.

# Mungosprossen-Spinat-Nockerl mit Thymian-Butter

## Zutaten
**100 g Weizenmehl**
**100 g Hartweizengrieß**
**100 g Spinat oder Portulak**
**2 Eier**
**50 g Alfalfa-Sprossen**
**50 g schwarze Mungosprossen**
**1 TL Meersalz**
**Prise Muskatblüte oder frisch geriebene Muskatnuss**
**50 ml Alfalfa-Sprossen-Einweichwasser**

## Für die Thymian-Butter
**2 EL frisch gehackter Thymian**
**2–3 EL Butter**
**80 g Mandelsplitter**
**Pfeffer**

## So geht's
Spinatblätter, Mungo- und Alfalfa-Sprossen mit Einweichwasser im Mixer fein pürieren. Diese Masse mit Eigelb, Mehl, Hartweizengrieß, Meersalz und Muskat zu einem geschmeidigen Teig verrühren. Eiweiß zu steifem Eischnee schlagen und unter die Nockerlmasse heben. Ca. 20 Min. rasten lassen.
Mandeln in einer Pfanne kurz trocken anrösten, bis sie eine leicht bräunliche Farbe annehmen.
Gesalzenes Wasser zum Kochen bringen. Mit einem Teelöffel kleine Nockerl aus der Teigmasse stechen und in leicht wallendem Wasser ca. 10–15 Min. köcheln lassen.
Butter zerlassen, Thymian zu den gerösteten Mandelsplittern geben und die Nockerl in der Thymianbutter schwenken. Etwas nachsalzen und mit frisch geriebenem Pfeffer aus der Mühle abschmecken.

**TIPP:** Zwiebelsprossen sowie knackig frischer Blattsalat mit Rahmdressing passen ideal zu diesem Gericht.

# Rüben-Linsensprossen-Ragout mit geräuchertem Tofu

## Zutaten für Variante I
**250 g Speiserüben**
**200 g mehlige Erdäpfel** (Agria)
**300 g Tofu**
**Ca. 250 ml Gemüsesuppe oder Wasser**
**50 g Olivenöl**
**100 g Zwiebeln**
**1 Knoblauchzehe**
**50 g Linsensprossen**
**2 EL Hefeflocken**
**Meersalz, Pfeffer, Thymian, Lorbeer, Kümmel**

## Zusätzliche Zutaten für Variante II (vegetarisch)
**2 EL geriebener Hartkäse**
**2 EL Sauerrahm**
**Statt Olivenöl Butter verwenden**

## So geht's
**Variante I:** Die Rüben schälen, in kleine Würfel schneiden, Zwiebeln und Knoblauch fein hacken und in Olivenöl glasig dämpfen, Erdäpfel waschen, schälen, würfeln und mit den Rüben zu den Zwiebeln geben. Kurz durchrühren, mit Gemüsesuppe auffüllen und Lorbeerblätter, Thymian, Pfeffer aus der Mühle, Kümmel und Hefeflocken dazugeben. So lange dämpfen, bis das Gemüse bissfest gegart ist. Gut würzen und pikant abschmecken.
Einen Teil des Tofus in kleine Würfel schneiden und mit den Linsensprossen kurz vor dem Servieren in das Rübenragout unterheben und ohne Feuer kurz ziehen lassen.
Den restlichen Tofu in Scheiben schneiden, in Olivenöl oder bei niedriger Temperatur anbraten, auf dem im tiefen Teller angerichteten Ragout platzieren und mit Sprossen garnieren.

**Variante II:** Vorgehensweise wie bei Variante I. Bevor man die Linsensprossen in das Ragout unterhebt, den Sauerrahm und den Hartkäse mitkochen, bis das Ragout eine sämige Konsistenz aufweist. Sonst gleiche Vorgehensweise wie bei Variante I.

**TIPP:** Sie können bei Variante I das Ragout mit einem Schuss Soja-Schlagcreme verfeinern.

# Sprossengemüsesugo für Pastagerichte

### Zutaten
**1 l passierte Paradeiserwürferl**
**80 ml Olivenöl**
**2 fein gehackte Knoblauchzehen**
**2 EL gehackter Rosmarin und Salbei**
**2 Lorbeerblätter**
**400 g Karotten, gelbe Rüben und Sellerieknollen, gemischt**
**100 g Champignons**
**200 g Lauch**
**200 g Mungobohnen-, Bockshorn- und Linsensprossen**
**Meersalz**
**1 Prise Rohrzucker**
**Etwas Chili**

### So geht's
Gemüse schälen und in Würferl schneiden oder fein reiben, Lauch und Champignons fein hacken. Danach in einem flachen Topf Olivenöl, Knoblauch, Kräuter und Lorbeerblatt leicht anschwitzen, Champignons und Lauch zugeben und kurz anrösten. Gemüse beigeben und so lange köcheln, bis die Flüssigkeit verdampft ist.
Paradeiserwürferl zugeben, würzen und um ein Drittel der Flüssigkeit einkochen. Sprossen zugeben, mit etwas Rohrzucker und Chili pikant abschmecken.

**TIPP:** Dieses Sugo lässt sich noch heiß in Gläser gefüllt gut gekühlt mindestens 10 Tage aufbewahren, es lässt sich auch gut einfrieren. Perfekt passt es lauwarm auf Crostini oder Baguette oder als Unterlage für Pizzen und ist natürlich der ideale Begleiter zu Pastagerichten.

# Alfalfa-Sprossen-Bandnudeln

### Zutaten
**250 g Hartweizengrieß**
**250 g Weizenmehl**
**4 Eier**
**50 g Alfalfa-Sprossen**
**2 EL Olivenöl**
**1 TL Meersalz**
**Butter oder Olivenöl**

### So geht's
Alle Zutaten im Rührkessel zu einem glatten Teig verarbeiten (sollte die Masse zu trocken sein, geben Sie etwas Alfalfa-Einweichwasser dazu). Teig in Frischhaltefolie wickeln und 1/2 Stunde rasten lassen. Dann den Teig in 4 Stücke teilen und mit einer Nudelmaschine dünne Teigblätter ausrollen. Die Teigblätter mit einem Messer oder Nudelschneideaufsatz in 1–2 cm breite Streifen schneiden, die Nudeln in kochendem Salzwasser 2–3 Min. köcheln lassen, abseihen und in Butter oder Olivenöl schwenken.

**TIPP:** Das Sprossengemüsesugo harmoniert ideal mit diesen Bandnudeln. Sie lassen sich auch auf Vorrat herstellen und tiefgefroren ungekocht lagern.

# Erdäpfel-Sprossen-Auflauf

## Zutaten
**800 g gekochte mehlige Erdäpfel**
**200–250 g flüssiges Obers oder Crème fraîche**
**100 g lachsfarbene Linsensprossen**
**160 g Gorgonzola**
**2 EL gehackte Petersilie oder gemischte Kräuter**
**Meersalz, Pfeffer aus der Mühle**
**4 Eier**
**1 EL Butter**
**Parmesan zum Bestreuen**
**1 Handvoll Linsensprossen**

## So geht's
Erdäpfel schälen, durch eine Presse drücken und mit Obers und dem Gorgonzola vermischen. Linsensprossen grob hacken, die Kräuter dazugeben und kurz durchrühren, mit Meersalz und Pfeffer abschmecken. Die Erdäpfelmasse in eine gebutterte Eisenpfanne geben, 4 Vertiefungen für die Eier eindrücken, Eier aufschlagen und jeweils ein Ei in die Grübchen geben. Mit Parmesan bestreuen und bei 190 °C Umluft ca. 15 Min. überbacken.

**TIPP:** Mit frischen Sprossen bestreuen und evtl. mit Brotcroûtons und Schinkenchips belegen, in die Mitte des Esstisches stellen und zu viert genießen. Wenn Sie keinen Gorgonzola mögen, einfach durch Käse Ihrer Wahl ersetzen.

# Dinkel-Pilz-Risotto mit Bergkäse und Brokkolisprossen

## Zutaten
**400 g Dinkelreis** (geschliffener Dinkel)
50 ml Olivenöl
1 fein gehackte Zwiebel
200 ml trockener Weißwein
1 1/2 l Gemüsefond
1 EL Steinpilzpulver oder getrocknete Steinpilze
Meersalz, geriebene Muskatnuss
Pfeffer aus der Mühle
120 g geriebener Bergkäse
200 g frische Pilze nach Geschmack
40 ml Erdnuss- oder Olivenöl
1 Handvoll frisch gehackte Kräuter
50 g Brokkolisprossen

## So geht's

Den Dinkelreis am besten 2 Stunden vor Kochbeginn in Wasser einweichen, das verkürzt die Kochzeit. Die Zwiebel in Olivenöl hell anschwitzen, Dinkelreis abseihen, zugeben, glasig angehen lassen und mit Weißwein ablöschen und einkochen. Pilzpulver zugeben und mit einem Drittel des Gemüsefonds aufgießen. Langsam köcheln, immer wieder etwas umrühren und nach und nach mit Fond aufgießen. Wenn der Dinkel schön al dente ist, gut würzen und mit fein geriebenem Bergkäse binden. Pilze klein schneiden, in Olivenöl scharf anrösten und mit Meersalz und Pfeffer würzen. Frische Kräuter untermischen, auf Tellern anrichten und mit Pilzen garnieren und Sprossen bestreuen.

**TIPP:** Natürlich passen Karotten oder verschiedene andere Gemüsesorten in kurz gegarter Form genauso zu diesem Risotto, und ebenso macht sich Dinkelrisotto auch sehr gut als Beilage!
Den Bergkäse kann man auch durch Parmesan ersetzen, sollte das Risotto zu wenig cremig sein, einfach geschlagenes Obers oder Crème fraîche daruntermischen.

# Die schnelle Reispfanne mit Mungobohnensprossen

### Zutaten
**600 g gekochter Basmati- oder Naturreis**
**1 EL Kurkuma** (Gelbwurz)
**400 g Zuckerschoten**
**200 g gemischte Mungobohnensprossen**
**2 Karotten**
**2 Frühlingszwiebeln**
**2 Knoblauchzehen**
**1 EL geriebener Ingwer**
**30 ml kalt gepresstes Sesam- oder Erdnussöl**
**200 ml Gemüsefond oder Wasser**
**Schuss salzarme Sojasauce**
**Meersalz**
**1 Handvoll Zwiebelsprossen**
**Fein geschnittene frische Chilischote**

### So geht's

Den Reis vorbereiten, Karotten schälen, fein in Streifen schneiden, Zuckerschoten schräg halbieren und Frühlingszwiebeln und Knoblauch feinblättrig schneiden. In einem Wok oder einer beschichteten Pfanne Sesamöl mit Knoblauch und Ingwer erhitzen, Kurkuma zugeben, Reis untermischen und gut abrösten.

Die Karotten und Zuckerschoten in einer Pfanne scharf in Sesamöl rösten, Sprossen und Frühlingszwiebeln zugeben. Mit etwas Fond ablöschen und ca. 3 Min. einkochen. In Sojasauce schwenken, mit Meersalz und Chili abschmecken und auf dem Reis anrichten. Mit frischen Zwiebelsprossen garnieren.

**TIPP:** Der Kreativität, ob mit Fisch, Huhn, Garnelen oder Ananas, sind hier keine Grenzen gesetzt.

# Süße Kreationen, die es in sich haben

# Topfenknödel mit Adzukibohnen-Sprossen, Schokoladenfülle und Zwetschkenröster

## Zutaten für die Fülle
130 g Adzukibohnensprossen
50 g geriebene Mandeln
50 g Rohrzucker
2 EL Honig
1 TL Vanillezucker
2 EL leicht gehackte Adzukibohnensprossen
50 g gehackte Zartbitterschokolade

## Für die Topfenknödelmasse
2 Eier
2 Eidotter
500 g passierter Topfen (10 % Fett)
180 g entrindetes und getrocknetes Toastbrot
Prise Meersalz
80 g Butter
1 EL Maisstärke (Maizena)
Saft und Schale von 1/2 Zitrone
1 EL Vanillezucker
1 EL Zucker

## Für das Kochwasser
1 Vanilleschote
Etwas Zucker
Saft von 1/2 Orange

## Für die Haselnussbrösel
150 g Semmelbrösel
50–80 g Butter
50 g Kristallzucker
Prise Zimt
100 g geriebene geröstete Haselnüsse

1 Glas Fink's Zwetschkenröster
Adzukibohnen-Sprossen und
  Staubzucker zum Bestreuen

## So geht's
Den Topfen in ein Küchentuch binden und über einer Schüssel über Nacht abtropfen lassen. Entrindetes, getrocknetes Toastbrot fein reiben. Alle Zutaten für die Topfenknödelmasse gut miteinander vermischen und 1 Stunde kalt stellen. Für die Haselnussbrösel die Butter schmelzen und alle Zutaten vermischen; leicht in einer Pfanne oder im Backrohr bei 170 °C goldbraun-knusprig rösten.

Für die Fülle die 130 g Adzukibohnen-Sprossen mit Wasser bedeckt weich kochen, Wasser abgießen und etwas davon in einem Gefäß beiseitegeben. Die gekochten Sprossen mit einem Pürierstab pürieren, wenn notwendig mit ein paar Tropfen Kochwasser cremig halten.

Mandeln, Zucker, Honig und Vanillezucker mit dem Sprossenpüree vermischen, zum Schluss die gehackte Schokolade und die leicht gehackten Adzukibohnensprossen einarbeiten.

Diese Masse zu kleinen Kugeln mit ca. 2 cm Durchmesser formen und kurz anfrieren. Aus der Topfenmasse 12–16 Miniknödel formen, flach drücken, in die Mitte die vorgefrorenen Adzukikugeln einschließen und zu schönen Kugeln rollen.

Ausreichend Salzwasser mit etwas Zucker, Orangensaft und der Vanillestange aufkochen. Knöderl einlegen und in kochendem Salzwasser 6–8 Minuten leicht köcheln. Herausheben und in den vorbereiteten Haselnussbröseln wälzen, mit Zwetschkenröster anrichten und mit Adzukibohnen-Sprossen sowie Staubzucker bestreuen.

**TIPP:** Die Knöderl lassen sich ungekocht auch sehr gut einfrieren und so auf Vorrat legen. Der Fülle geben wir auch gerne Marzipan oder Nougat bei.

# Marinierte Früchte mit Weizensprossen

### Zutaten
**1 Apfel**
**1 Kiwi**
**1 Banane**
**1 Orange**
**Evtl. Stücke von Ananas, Mango und Birne, Weintrauben und Beeren**

### Für die Marinade
**4 cl Orangenlikör**
**2 EL brauner Zucker**
**Saft von einer Limette**

**100 g Weizensprossen**
**Frische Minze oder Melisse**

### So geht's
Die Früchte schälen, entkernen und in ca. 1 cm große Würferl bzw. Stücke schneiden. Die Zutaten für die Marinade vermischen und über die Früchte geben, 10 Min. ziehen lassen und Weizensprossen zugeben.
Die Früchte in Gläser füllen und mit Minze bestreuen.

**TIPP:** Die Weizensprossen in Kombination mit den Früchten entwickeln eine unglaubliche Geschmacksvielfalt.
Als raffinierte Abrundung dieses Fruchtgenusses bieten sich Eis nach individuellem Geschmack sowie verschiedene Fruchtsorbets an.

# Quinoa-Hollerblüten-Mousse mit Streusel und Fink's Hollerröster

## Zutaten für 4 Gläser
**100 g Hollerblütensirup**
**250 g QimiQ Classic oder ersatzweise 2 Blatt Gelatine und 200 g Sauerrahm**
**Evtl. 1–2 EL Zucker, je nach Süße des Sirups**
**250 g Joghurt** (3,6 % Fett)
**Saft von 1–2 Limetten**
**250 g halbsteif geschlagenes Schlagobers**
**1 Glas Fink's Hollerröster**
**50 g Quinoa-Sprossen**

## Für den Haselnuss-Streusel
**200 g Mehl**
**100 g Butter**
**Meersalz**
**50 g geriebene geröstete Haselnüsse**
**60 g Feinkristallzucker**
**30 g Kakaonips oder 1 EL Kakaopulver**
**Prise Zimt gemahlen**

**Minze zum Garnieren**

## So geht's
Für den Streusel alle Zutaten gut kalt „wie Mürbteig" in einer Rührmaschine verkneten. Zu einer Rolle formen und für 2 Stunden in Folie gewickelt kalt stellen.
QimiQ leicht erwärmen, Hollersirup sowie Limettensaft und Joghurt mit einer Rührmaschine gut aufschlagen. Das Obers unterheben, evtl. mit Zucker nachsüßen und mit Quinoa-Sprossen und Fink's Hollerröster schichtweise in Gläser füllen und für 2 Stunden kalt stellen. Wenn Sie das Mus luftiger möchten, geben Sie mit 1 EL Zucker steif geschlagenes Eiweiß darunter.
Inzwischen den Streuselteig mit einer groben Reibe auf Backpapier raspeln und bei 180 °C Umluft goldbraun backen und „wie Streusel" abkühlen lassen.
Streusel über die gestockte Hollermousse geben, mit Minze garnieren und löffelweise genießen.

**TIPP:** Sollte der Streusel vor der Creme fertig sein, so kann man ihn zusammen mit Fink's Hollerröster und den Sprossen unter die Mousse geben. Sehr gerne servieren wir zu diesem Dessert Joghurteis.

# Karamellisierter Schmarren mit Sonnenblumensprossen und Fink's Marillenröster

## Zutaten
**5 Eier**
**4 EL Zucker**
**250 ml Milch**
**100 g Sauerrahm**
**Ca. 200 g Weizen- oder Weizenvollkornmehl**
**20 g zerlassene Butter**
**120 g Sonnenblumensprossen**
**Meersalz**
**Butterschmalz „Ghee" zum Ausbacken**
**Staubzucker zum Bestreuen**
**Fink's Marillenröster**

## So geht's
Eiweiß vom Eigelb trennen; Eigelb, Milch, Sauerrahm, Mehl und eine Prise Meersalz zu einem glatten Teig verrühren. Eiweiß mit 2 EL Zucker steif schlagen, vorsichtig in die Teigmasse einarbeiten und die zerlassene Butter und die Hälfte der Sonnenblumensprossen einrühren.
In einer Pfanne Butterschmalz erhitzen, die Teigmasse ca. 2 cm dick eingießen und auf beiden Seiten goldgelb backen. Den Schmarren mit einer Gabel in Stücke reißen, 2 EL Zucker und restliche Sprossen einstreuen und karamellisieren lassen.
Auf Tellern mit Marillenröster anrichten und mit Staubzucker bestreuen.

**TIPP:** Noch besser wird der Schmarren, wenn man in die fertige Masse noch ein ganzes Ei einrührt.

# Sprossen-Eisparfait mit marinierten Beeren

## Zutaten für 4–6 Personen
4 Eidotter
1 Ei
2 EL Honig
2 Blatt Gelatine
80 g brauner Rohrzucker
50 ml Wasser
Prise Meersalz
400 g Schlagobers
150 g Linsen-, Amaranth-, Mungobohnen- und Weizensprossen gemischt
300 g gemischte Beeren je nach Saison
Zucker nach Bedarf und etwas Zitronensaft
100 g Amaranth

## So geht's
Gelatine in eiskaltem Wasser einweichen und nach 10 Min. ausdrücken. Die Eidotter mit Ei, Honig und einer Prise Meersalz in einen Rührkessel geben und in der Rührmaschine leicht anschlagen. Zucker und Wasser auf 110 °C aufkochen, am besten mit einem Digitalthermometer messen. Diese Zuckerlösung noch heiß in die Eiermasse einlaufen lassen, ausgedrückte Gelatine zugeben und auf der höchsten Stufe schlagen, bis die Masse wieder auf Zimmertemperatur abgekühlt ist. Danach halbsteif geschlagenes Obers unterheben und Sprossen einmengen.
Die Masse in mit Klarsichtfolie ausgelegte Formen füllen und mindestens für 4 Stunden tiefkühlen. Inzwischen einen breiten Topf gut erhitzen und den Amaranth trocken hineingeben. Mit einem Deckel abdecken, den Amaranth unter Schütteln wie Popcorn puffen lassen. Aufpassen, dass die Körner nicht verbrennen. Wenn der Amaranth vollständig gepufft ist, auf ein Blech leeren und auskühlen lassen.
Aus 200 g Beeren mit etwas Zucker eine Sauce zubereiten. Beeren mit Zucker aufkochen, mixen und evtl. passieren und mit etwas Zitronensaft, weißem Rum oder Orangenlikör abschmecken. Danach die restlichen Beeren unter die ausgekühlte Sauce mischen und marinieren lassen. Das Parfait aus der Form stürzen, mit gepufftem Amaranth ummanteln und in 2 cm dicke Scheiben schneiden. Mit marinierten Beeren anrichten.

**TIPP:** Diese Parfait-Grundmasse lässt sich mit Schokolade, Nüssen, Nougat und weiteren Zutaten gut variieren.

# Sterz-Linsensprossen-Tarte mit Bratapfelcreme

Zutaten für 1 Tarteform mit 26 cm Durchmesser (ca. 8–10 Stück)

### Für die Tarte
- 150 g Butter
- 250 g Weizenmehl oder Vollkornmehl
- Prise Meersalz
- 100 g Staubzucker
- 1 Ei
- 1 EL Sauerrahm

### Für die Fülle
- 60 g Polenta
- 150 g Milch
- 40 g Mais- oder Erdäpfelstärke
- 170 g Zucker
- 350 g Crème fraîche
- 6 Eidotter
- 1 Ei
- 2 Zitronen
- 100 g gemischte Linsensprossen
- 1 Glas Fink's Wildapferl in starkem Sirup

### So geht's

Für den Mürbteig das Mehl und die kalte, in Würfel geschnittene Butter mit Staubzucker sowie Sauerrahm, einer Prise Meersalz und einem Ei rasch zu einem Teig kneten. Den Teig für eine halbe Stunde im Kühlschrank rasten lassen.

Inzwischen die Milch und die abgeriebene Schale einer Zitrone aufkochen, die Polenta einkochen und cremig rühren. Etwas auskühlen lassen, Maisstärke, Zucker, Ei, Eidotter, Crème fraîche und Saft von zwei Zitronen einrühren und zu einer glatten Masse vermengen. Linsensprossen fein hacken und unterheben.

Den Mürbteig zwischen zwei Backpapierstreifen ca. 3–4 mm dick auswalken und in eine gebutterte Tortenspringform legen. Den Mürbteig bis an die Ränder hochdrücken, damit man die typische Tarteform bekommt.

Die Sterz-Sprossen-Fülle in die Tortenform gießen und die Tarte bei 180 °C im vorgeheizten Backrohr für ca. 35 Min. backen. Damit die Tarte nicht zu rasch Farbe bekommt, empfiehlt es sich, die Tarte die ersten 15 Min. im Backrohr mit Backpapier abzudecken. Goldbraune Tarte aus dem Ofen geben, nach 20 Min. aus der Form nehmen, in Stücke schneiden und mit Bratapfelcreme sowie Fink's Wildapferl servieren.

**TIPP:** Bratapfelcreme stellt man wie folgt her: Am besten 6 Äpfel einer guten säuerlichen Sorte, z. B. Maschanzka oder Ilzer Rose, leicht mit einem kleinen Messer 3 mm tief einritzen, mit Butter bepinseln, in Zucker wälzen und in einer Eisenpfanne bei 160 °C im Ofen ca. 20 Min. weich schmoren. Danach Fruchtfleisch mit Schale ablösen und mit etwas Zitronensaft und evtl. gemahlenem Zimt fein mixen. Diese Creme lässt sich auch gut als Grundbasis für Marmelade oder Chutney weiterverarbeiten.

# Sprossenmohr mit Mixsprossen

## Zutaten für 8 Mohren
2 Eier
2 Eigelb
80 g Zucker
100 g flüssige Butter
80 g Zartbitterschokolade
80 g Weizenmehl
50 g gemischte Sprossen (Linsen-, Mungo-, Bockshorn-, Weizensprossen etc.)
Prise Meersalz

## Für die Schokoladensauce
200 g flüssiges Obers
100 g Milch
250 g Zartbitterschokolade

## So geht's
Für die Schokoladensauce Milch und Obers einmal aufkochen, Schokolade darin schmelzen und mit einem Stabmixer fein emulgieren. Acht Metallringe mit einem Durchmesser von 7 bis 8 cm mit Backpapierstreifen nur am Rand auslegen und auf ein mit Backpapier ausgelegtes Backblech stellen. Für die Mohren Butter und Schokolade gemeinsam schmelzen und gut vermischen, Prise Meersalz, Eier, Dotter und Zucker schaumig schlagen, Butter-Schokoladen-Gemisch unterheben, Mehl darübersieben und einarbeiten. Sprossen leicht hacken, unter die Masse ziehen, in die Ringe füllen und bei 170 °C Umluft ca. 12–13 Min. backen. Die Mohren sollten noch einen leicht weichen Kern haben.
Mit Schokoladensauce und leicht gerösteten Sprossen anrichten.

**TIPP:** Die Mohren lassen sich gut roh einfrieren und noch im gefrorenen Zustand bei ca. 3 Min. längerer Garzeit backen.

# Erdäpfel-Sprossen-Schwanzerl mit Kirschen

### Zutaten
**400 g gekochte mehlige Erdäpfel**
**2 Eier**
**100 g Mehl**
**100 g Hartweizengrieß**
**4 EL Erdäpfel oder Maisstärke**
**160 g junge Sonnenblumensprossen**
**Ca. 100 g Butter**
**Staubzucker**

### Für die Kirschsauce
**200 g entkernte Kirschen**
**50 g Zucker, etwas Zitronensaft**
**1 Prise Kardamom**
**Evtl. etwas Maisstärke**

**100 g frische Kirschen mit Stiel**

### So geht's
Erdäpfel in der Schale weich kochen oder im Dampfgarer garen, auskühlen lassen, schälen und kalt durch die Erdäpfelpresse drücken. Eier, Mehl, Hartweizengrieß, Erdäpfelstärke und 80 g Sonnenblumensprossen fein gehackt mit den gepressten Erdäpfeln zu einem Teig kneten, aus dem Erdäpfelteig dünne Nudeln, „Schwanzerl", formen und in Salzwasser kochen. Nach 2 Min. mit einem Gitterschöpfer herausheben und in einer Pfanne mit zerlassener Butter und etwas Zucker schwenken.
Den Zucker leicht karamellisieren lassen und die restlichen Sonnenblumensprossen kurz vor dem Anrichten mitschwenken. Für die Kirschsauce entsteinte Kirschen mit Zucker und Zitronensaft aufkochen und gut durchkochen lassen, mit Kardamom würzen, fein mixen, evtl. mit etwas Maisstärke in Wasser angerührt binden. Die frischen Kirschen in die Sauce tauchen und auf Tellern mit den Erdäpfel-Sprossen-Schwanzerln anrichten. Mit etwas Kirschsauce nappieren.

**TIPP:** Die Erdäpfelschwanzerl lassen sich roh ungekocht auch gut einfrieren.
Am besten passen Vanillesauce oder ein Kugerl Vanilleeis zu diesem Gericht.

# Vorwärts zur Natur – ein Appell

Sprossen vermitteln ein Gefühl von Heimat. Eine Vielfalt an Sprossensaatgut in der Vorratskammer eines jeden privaten Haushaltes macht jede Familie unabhängig. Bitte experimentieren Sie mit den Sprossen, entdecken Sie eine neue Welt in Ihrer Küche. Ich motiviere jede Person, Kinder, Lehrer, Ärzte und natürlich jeden Betreiber einer Gastroküche, sich eine Sprossenstation zuzulegen. Dieses kleine Treibhaus liefert 35 Sprossensorten unterschiedlicher Geschmacksrichtungen, die wunderbar unseren täglichen Speiseplan bereichern und ergänzen. Es ist Zeit, dass jeder etwas für seine Gesundheit tut, und Kommunikation mit den Pflanzen stärkt die Psyche des Einzelnen. Sprossen sind sogar Security-Food und ein „Alicament" (Nahrungsmittel, das gesundheitsfördernd wirkt), wie Pierre-Louis Vermot-Petit-Outhenin propagiert, und auch ich bin dieser Meinung. In 35 Jahren ist der Frischsprossenverzehr in der Schweiz von 3 Tonnen auf 180 Tonnen pro Monat angestiegen. Es darf richtig heißen VORWÄRTS ZUR NATUR, denn der Mensch hat sich von der Natur abgewandt; wir dürfen lernen, mit der Natur zu leben. Es darf nicht um finanzielle Gewinnoptimierung und jährliche Gewinnzuwächse auf Kosten von Natur, Mensch und Tier gehen. Die Gewinnoptimierung soll darin liegen, mit weniger Ressourcen mehr zu erreichen, das ist die Basis der Nachhaltigkeit! Wir dürfen mit den vorhandenen Gütern sorgsamer umgehen und sinnvoller wirtschaften, dem Leben mit DANKBARKEIT, EHRFURCHT, FREUDE und RESPEKT begegnen. Wir sind Gäste für eine kurze Zeit auf unserem Planeten, wir dürfen uns dementsprechend verhalten, damit unsere Kinder und Kindeskinder nach uns eine lebendige Welt vorfinden. Ich für meinen Teil lege viele Gewohnheiten ab oder ändere sie, habe mit kleinen Schritten begonnen, denn in Summe haben sie oft große Wirkung. Es macht Sinn, wenn ich zum Beispiel Stofftaschentücher verwende statt Wegwerftücher, es macht Sinn und ich bin stolz, dass ich Bio- und Demeter-Lebensmittel einkaufe und verarbeite. Ich bin stolz, dass unser ganzes Restaurant seit einigen Jahren rauchfrei ist. Unser Pizza-Restaurant „Figaro" ist zurzeit die einzige Pizzeria Österreichs, die mit der GRÜNEN HAUBE ausgezeichnet wurde, darauf bin ich stolz. Ich bin dankbar und stolz auf meine Familie und meine Mitarbeiter, die mich auf diesem Weg begleiten. Ich bin stolz auf unsere Gäste und Kunden, die uns mit ihrer Konsumentscheidung fördern und weiterempfehlen. Ich bin dankbar, dass ich hier auf diesem Teil von Mutter Erde leben darf, und möchte mich bei all den Menschen bedanken, die schon lange vor mir begonnen haben, die Natur zu nützen und dabei nicht vergessen haben, sie zu schätzen.

Ihr
Gottfried Lagler

## Register

Alfalfa-Rettich-Sprossensalat mit Paradeiser-
  Mozzarellakugeln  38
Alfalfa-Sprossen-Bandnudeln  144
Alfalfa-Sprossen-Smoothie  113
Alfalfa-Sprossen-Suppe  105

Bunter Sprossen-Gartensalat mit Orangen und Äpfeln  36

Dinkel-Pilz-Risotto mit Bergkäse u. Brokkolisprossen  148
Dinkelvollkorn-Sprossenstangerl  76

Ei im Pizzabrot-Nest  85
Erdäpfel-Buchweizensprossen-Kugeln
  mit Herbstgemüse-Ragout  128
Erdäpfel-Linsenlaibchen mit Linsensprossen  136
Erdäpfelsalat mit Zwiebelsprossen  52
Erdäpfel-Sprossen-Auflauf  147
Erdäpfel-Sprossen-Schwanzerl mit Kirschen  169

Fenchel-Apfel-Salat mit Mungobohnensprossen  56
Figaros Pizzateig-Grundrezept mit Sprossen  82
Figaros Sprossen-Kraft-Brot  80
Figaros Sprossen-Pizza à la „Pierre-Louis"
  mit Rohschinken  89
Figaros Sprossen-Pizza „Luzern"  90
Forellenfilet, geräuchertes, auf Sprossensalat  65
Früchte, mit Weizensprossen  157
Frühlingskrautsalat mit Belugalinsen-Sprossen  46

Gedämpfter Saibling mit Gelbwurz und Sprossen  67
Gemüsestangerl, mit Avocado-Sprossen-Creme  97
Gemüsesuppe o. Rindssuppe mit dreierlei Einlagen  106
Geräuchertes Forellenfilet auf Sprossensalat  65

Hühnerbrust mit getrockneten Paradeisern und
  Rettich-Brokkolisprossen-Creme  75
Hühnersuppe, mit Nudeln und vielen Sprossen  121

Kalt gedämpfte Lachsforelle mit Sprossengemüse  51
Karamellisierter Schmarren mit Sonnenblumensprossen
  und Fink's Marillenröster  161
Kichererbsensprossen-Creme „Hummus"  102
Klare Gemüsesuppe oder Rindssuppe mit dreierlei
  Einlagen  106
Knackige Gemüsestangerl mit
  Avocado-Sprossen-Creme  97
Knusper-Mix-Sprossen-Cracker  63
Knusprige Polenta-Sprossenstangerl mit Sprossendip  59
Kräftige Rindssuppe  106

Lachsforelle, kalt gedämpfte, mit Sprossengemüse  51
Linsen-Avocado-Aufstrich  102
Linsensprossensalat mit steirischem Kürbiskernöl  42

Marinierte Früchte mit Weizensprossen  157
Mungosprossen-Spätzle  139
Mungosprossen-Spinat-Nockerl mit Thymian-Butter  140

Pikante Hühnersuppe mit Nudeln u. vielen Sprossen  121
Pikanter Rübensalat mit Obers-Rettichsprossen-Creme
  und Kürbiskernpesto  55
Pizza-Knusper-Cracker, rohköstliche  62
Pizzaschnecke mediterran mit jungem Gemüse  93

Pizzateig-Grundrezept  85
Pizzateig-Grundrezept mit Sprossen
  s. Figaros Pizzateig-Grundrezept  82
Pizzavariationen  82
Polenta-Sprossenstangerl, mit Sprossendip  59

Quinoa-Hollerblüten-Mousse mit Streusel
  und Fink's Hollerröster  158
Quinoa-Sprossen-Smoothie  114
Quitten-Alfalfa-Sprossen-Drink  18

Reispfanne, schnelle, mit Mungobohnensprossen  151
Rindssuppe, kräftige  106
Rohköstliche Pizza-Knusper-Cracker  62
Rollmops von der Lachsforelle mit Zwiebelsprossen  72
Rüben-Linsensprossen-Ragout m. geräuchertem Tofu  143

Saibling, gedämpfter, mit Gelbwurz und Sprossen  67
Schafkäsepralinen mit Fink's Paradeis Chutney und
  Sprossen  45
Schmarren, karamellisierter, mit Sonnenblumensprossen
  und Fink's Marillenröster  161
Schnelle Reispfanne mit Mungobohnensprossen  151
Sonnenblumensprossen-Brot  79
Sonnenblumensprossen-Smoothie  117
Sprossenbrötchen schnell gemacht  98
Sprossen-Cracker-Variation  60
Sprossen-Eisparfait mit marinierten Beeren  162
Sprossen-Erbsenbällchen mit Frühlingssalat  135
Sprossen-Erdäpfelpuffer mit Vogerlsalat  132
Sprossenfrittaten-Suppe  108
Sprossen-Gartensalat, bunter, mit Orangen u. Äpfeln  36
Sprossengemüsesugo für Pastagerichte  144
Sprossen-Grundmasse für Pofesen und Palatschinken,
  als Pastafülle oder zum Füllen von Gemüse  109
Sprossen-Kraft-Brot s. Figaros Sprossen-Kraft-Brot  80
Sprossen-Laibchen, „wilde"  124
Sprossen-Maki-Rolls  40
Sprossenmix-Weckerl  86
Sprossenmohr mit Mixsprossen  166
Sprossen-Pizza s. Figaros Sprossen-Pizza à la
  „Pierre-Louis"  89
Sprossen-Pizza s. Figaros Sprossen-Pizza „Luzern"  90
Sprossen-Pizzabaguette  94
Sprossen-Pizzabrot mit Basilikum-Pesto  82
Sprossen-Pizzabrot mit Knoblauch  82
Sprossenpofesen-Suppe  109
Sprossenschöberl-Suppe  108
Sprossen-Topfennockerl (Suppeneinlage)  127
Sterz-Linsensprossen-Tarte mit Bratapfelcreme  165

Tatar vom Rinderfilet mit Rettich- u. Zwiebelsprossen  68
Topfenknödel mit Adzukibohnen-Sprossen, Schokoladen-
  fülle und Zwetschkenröster  154
Topinamburschaumsuppe mit Chinakohlsprossen und
  Shiitakepilzen  110

„Wilde" Sprossen-Laibchen  124

Zanderfilet mit grüner Sprossen-Gazpacho  123
Zucchini-Mungosprossen-Salat  48

**Worterklärung:**
Erdäpfel = Kartoffeln          Paradeiser = Tomaten

# Das „Figaro" –

Pizza-Restaurant und Solar-Café

Am 26. Oktober 1990 wurde in Wünschendorf an der Raab bei Gleisdorf an der B65 die jetzige Pizzeria Figaro als kleines Café mit 16 Sitzplätzen eröffnet.

Das von Gottfried und Marianne Lagler in zweijähriger Bauzeit errichtete Lokal mit Wohnhaus sollte laut Plan ein Friseur-Café werden, da Marianne als Friseurmeisterin in der Nachbargemeinde St. Margarethen an der Raab eine kleine Friseurstube betrieb.

Nach der Geburt von Sohn Kevin gab Marianne ihr gut gehendes, mit viel Liebe und Freude geführtes Friseurgeschäft auf und widmete ihre Energie und Liebe ihrem Sohn Kevin und der Familie.

Aus dem Café wurde 1996 ein Pizzarestaurant mit 60 Sitzplätzen. Das Restaurant ist wie ein kleines Museum gestaltet, dekoriert mit Gegenständen aus längst vergangenen Tagen. Von der kleinen Kracherlflasche (Limonadenflasche) bis zum alten Motorrad aus den 30er-Jahren können die Gäste Alltagsgegenstände bestaunen, die der Chef seit seiner frühen Jugendzeit zusammengetragen und gesammelt hat.

Im Gegensatz dazu legt Gottfried Lagler in der Küche größten Wert auf frische Zutaten aus der Region, wobei er vorwiegend Produkte in Bio-Qualität verwendet. Obwohl es für die Gäste Speisen von Bio-Fleisch bis zu Bio-Fisch zur Auswahl gibt, bietet unser Speisenangebot besonders für Vegetarier, Rohköstler und Veganer eine kulinarische Reise durch den Bio-Obst- und Bio-Gemüsegarten. Je nach Saison werden verschiedene Pizzen vom Chef kreiert, wie z. B. Eierschwammerlpizza oder Spargelpizza, die im Holzofen gebacken werden.
Als erste und zurzeit einzige Pizzeria Österreichs wurde im Jahr 2010 das Pizzarestaurant mit der GRÜNEN HAUBE ausgezeichnet.

### Sprossen im Figaro

Was in der privaten Küche in kleinen Mengen zu wachsen begann und rasch auch in der Pizzaküche Einzug hielt, sind Sprossen. Sprossen haben unserer Küche im wahrsten Sinne des Wortes neues Leben gegeben. So liegt es auf der Hand (dem Teller), dass dem Chef des Hauses, seiner Familie und seinen Gästen die Energie nie ausgeht. Ständig „wachsen" neue Ideen und Sprossenkreationen mit neuem Geschmack.
„Als Chef freue ich mich zu beobachten, wie meine Frau Marianne, mein Sohn Kevin und unser Figaro-Team unsere faszinierenden Gäste mit Begeisterung bewirten", sagt Gottfried Lagler.
Im Laufe der Jahre haben auch Spitzenköche wie Hans Peter Fink und qualitätsbewusste Gastronomen unsere Frischsprossen entdeckt und verwöhnen damit ihre Gäste.
Gottfried Lagler ist auch auf Gesundheits-, Bio- oder Fachmessen mit seinen Sprossen, Saaten und seinem Zubehör für die Sprossenzucht vertreten und informiert die Besucher auf seinem Stand über das Wunder „Sprosse". Für interessierte Personen, Vereine oder Gruppen bietet der begeisterte Koch in seinem Pizzarestaurant spezielle Sprossenvorträge, -seminare und -kochkurse an.

### Pizzeria Figaro

Solar-Café Figaro,
Pizzeria-Restaurant
Frischsprossen-Produktion für Gastronomie und Endkunden
Wünschendorf 190
A-8200 Gleisdorf
www.pizzeria-figaro.at
E-Mail: office@solar-cafe.at
Tel.: ++ 43 (0) 3112-6173
Fax: ++ 43 (0) 3112-6173 4

### Sprossenhersteller

**Gottfried Lagler**
Pure-Life Lizenzinhaber Österreich
Saatgut, Sprossen, Zubehör, Sprossenvorträge, Sprossenseminare und Sprossenkochkurse
Wünschendorf 190
A-8200 Gleisdorf
www.sprossen.at
E-Mail: office@sprossen.at
E-Mail: office@solar-cafe.at
Tel.: 03112-6173

**Pierre-Louis Vermot-Petit-Outhenin**
CH-6023 Rothenburg
www.pure-life.ch
E-Mail: nr.1@pure-life.ch
Tel.: ++ 41(0) 41 280 70 55
Fax: ++ 41 (0) 41 280 70 65

# Haberl & Fink´s
Das Gasthaus   Delikatessen

In dem verkehrsgünstig zwischen Ilz und Riegersburg gelegenen Gasthaus Haberl in Walkersdorf treffen sich Einheimische, Geschäftsleute und Genussreisende, um in gemütlichem Ambiente beste steirische Gastlichkeit zu genießen. Dort beweist der haubengekrönte Spitzenkoch und ehemalige Sacher-Küchenchef Hans Peter Fink gemeinsam mit seiner Frau Bettina und Diplom-Sommelier Mario Haberl, dass die österreichische Haubenküche und die ländliche Gasthaus-Idylle alles andere als einen Widerspruch darstellen.

**Küche:**
Hans Peter Fink zählt zu den Meistern der klassisch-österreichischen Küche und versteht es auch, seine Gäste mit neuen Kreationen auf der Basis regionaler Spezialitäten zu verwöhnen. Seine regionstypische, doch gleichzeitig leichte und finessenreiche Küche ist oft prämiert und unverkennbar. Selbstverständlich kommen auch die im Hause gefertigten Fink's Delikatessen immer wieder auf den Teller.
Mittags werden schnelle und einfache Gerichte serviert, auf Wunsch wird Ihnen

aber auch gerne der Tisch festlich gedeckt. Abends finden Sie einen klassisch weiß gedeckten Tisch vor und können Ihren Gaumen mit herrlich-delikaten Speisen verwöhnen lassen. Die Abendkarte umfasst auch ein spezielles 4- bis 5-gängiges Menü, mit dem Hans Peter Fink seine Kreativität und seinen feinsinnigen Umgang mit hochwertigen Zutaten auf köstliche Art unter Beweis stellt.

### Weine:
Mario Haberl ist Diplom-Sommelier und seit zwölf Jahren im familieneigenen Gasthaus in Walkersdorf bei Ilz tätig. Er hat für jedes Gericht die passende Weinempfehlung und kennt beinahe jeden guten ach so kleinen Weinbauern in der Region. Aus diesem Grund erwartet Sie im Gasthaus Haberl neben den besten und bekanntesten Weinen Österreichs auch manchmal ein Geheimtipp des Weinkenners Mario Haberl. Besonders interessierte Weinliebhaber lässt er auch einen Blick in seinen reich ausgestatteten Weinkeller werfen.

### Öffnungszeiten Gasthaus Haberl:
Mo, Do, Fr, Sa 9.00 bis 23.00 Uhr
Dienstag, Mittwoch Ruhetag
So & Feiertage 9.00 bis 20.00 Uhr
Küche: 12–14.30 & 18–21.00 (sonn- und feiertags 11.30–18.30 Uhr)

### Fink's Delikatessen:
Bereits im Jahr 2002 haben Bettina und Hans Peter Fink die Idee geboren, hochwertige Delikatessen in reiner Handarbeit aus dem besten Obst und Gemüse der Region zu produzieren. Bei so viel Natur im Glas versteht es sich von selbst, dass Bettina und Hans Peter Fink ganz ohne Farb- und Konservierungsstoffe arbeiten, und das schmeckt man auch.
Nach traditionellen, oft in Vergessenheit geratenen Rezepten fertigen sie seither sehr erfolgreich ihre eingelegten Köstlichkeiten, die von Essigfrüchten über Sugo, Pesto, Chutney und Marmeladen bis hin zu Raritäten wie Schwarzen Nüssen oder Vogelbeeren reichen. Der Schwerpunkt liegt vor allem auf erstklassigen Produkten mit steirischer Tradition, allerdings werden einige Delikatessen, wie im Fall der Chutneys, auch nach kreativen, innovativen Rezepten gefertigt.

### Fink's Delikatessen-Shop:
Im Juli 2008 wurde die Produktionsstätte von Riegersburg nach Walkersdorf bei Ilz verlegt, wo sich neben dem Gasthaus auch ein kleiner charmanter Verkaufsraum befindet. Dort findet man die handgemachten Leckereien und außerdem werden dort nette Geschenkideen angeboten, aber auch einige interessante Kochbücher und köstliche kleine Gugelhupfe zum Mitnehmen.

### Öffnungszeiten:
Mo, Do, Fr, Sa 9.00 bis 17.00 Uhr
Di 9.00 bis 12.00 Uhr, Mi geschlossen
So & Feiertage 11.00 bis 15.00 Uhr

### Führungen und Verkostungen:
Alle Besucher haben die Möglichkeit, Fink's Delikatessen im Ab-Hof-Shop einzeln zu verkosten. Besonders interessierte Kulinarikfreunde können nach Voranmeldung (Gruppen ab 10 Personen) in verschiedenen Führungen und Verkostungen einen Blick hinter die Kulissen der Delikatessenproduktion werfen.

**Bildnachweis:**
Alle Fotos von Michael Rathmayer, außer:
S. 11, 19–31: © Pure-Life – CH 6023 Luzern
S. 172/173: Fotostudio Karl Schrotter
S. 174: privat Hans Peter Fink
S. 175: Werner Krug

ISBN 978-3-99011-068-3

© 2014 by Edition Styria in der Verlagsgruppe Styria
GmbH & Co KG
Wien · Graz · Klagenfurt
www.styriabooks.at

Bücher aus der Verlagsgruppe Styria gibt es in jeder
Buchhandlung und im Online-Shop

Umschlagentwurf: Bruno Wegscheider
Buchgestaltung: Clemens Toscani
Lektorat: Mag. Josef Weilguni
Reproduktion: Pixelstorm, Wien
Druck und Bindung: Druckerei Theiss GmbH,
St. Stefan im Lavanttal

7 6 5 4 3 2 1